Das Buch

Stürzen auf Sie auch immer wieder diese Fragen ein: Bei wie viel Grad kann ich meine teure Bluse waschen? Kann ich meinen Pulli in der Maschine waschen oder sollte ich ihn in die Reinigung bringen? Was für ein Waschmittel soll ich benutzen? Doch auf dem Etikett mit den Pflegesymbolen stehen nur eigenartige Kreise, Quadrate oder Dreiecke. Und am Ende ist die Bluse drei Größen kleiner, der Pulli mit Flusen überzogen und die Unterwäsche rosa gefärbt. Schluss damit! Klementine, die Waschfrau der Nation, erzählt Ihnen alles, was Sie übers Wäschewaschen wissen müssen, damit Waschpannen in Ihrem Leben der Vergangenheit angehören. Anhand ihrer Geheimtipps erfahren Sie nicht nur, auf was Sie vor, während und nach einer Wäsche achten sollten, sondern auch, wie Sie stärken, bleichen, pflegen, bügeln und hässliche Flecken entfernen können. Erfahren Sie, wie Sie aus dem lästigen Wäscheaufhängen ein wunderbares Fitnessprogramm machen können, und lösen Sie endlich das Rätsel der verschollenen zweiten Socke!

Klementine

DAS GROSSE WASCHBUCH

So wird Ihre Wäsche
nicht nur sauber, sondern rein

Mit Texten
von Christina Zacker und Gerhard Hörner

Ullstein

Besuchen Sie Ariel im Internet:
www.ariel.de

Ullstein Taschenbuchverlag
Der Ullstein Taschenbuchverlag ist ein Unternehmen
der Econ Ullstein List Verlag GmbH & Co. KG, München
Originalausgabe
1. Auflage 2002
© 2002 by Econ Ullstein List Verlag GmbH & Co. KG, München
Redaktion: Gabi Banas
Für die Ratschläge in diesem Buch wird keine Garantie oder
Gewährleistung übernommen. Eine Haftung des Autors, von Procter & Gamble
bzw. des Verlages und deren Beauftragten für Personen-, Sach- und
Vermögensschäden ist ausgeschlossen.
Umschlagkonzept: Lohmüller Werbeagentur GmbH & Co. KG, Berlin
Umschlaggestaltung: Bezaubernde Gini, München
Titelabbildung: ® The Procter & Gamble Company, USA
Sämtliche in diesem Buch erwähnten Marken (Ariel, Lenor,
Dash, Downy, Vizir, Acè und Febreze) sind eingetragene Marken der
The Procter & Gamble Company, USA, und wurden freundlicherweise
für diese Ausgabe zur Verfügung gestellt.
Gesetzt aus der Arial
Satz: KompetenzCenter, Düsseldorf
Druck und Bindearbeiten: Ebner Ulm
Printed in Germany
ISBN 3-548-36340-7

Hinweis

Bitte stets die Gebrauchsanweisungen und Warnhinweise auf Wasch- und Reinigungsmitteln sowie allen anderen in diesem Buch erwähnten Mitteln genau beachten. Im Zweifelsfall das zuständige Verkaufspersonal befragen. Viele der aufgeführten Chemikalien sind in Apotheken erhältlich.
In diesen Fällen wird Ihnen Ihr Apotheker Auskunft geben können.

Inhalt

Interview mit Johanna König alias Klementine 9
Vorwort 17

1. Vor dem Waschen 20

Der kleine Test: Was für ein Waschtyp sind Sie? 23
Was Sie zum Waschen brauchen 27
Kleiner Exkurs zum Thema Waschmittel 29
Wieso die Wasserhärte so wichtig ist 34
Vorbereitung ist die halbe Arbeit 36
Empfindliche Textilien 39
Die wichtigsten Stoffarten und wie man sie wäscht 41
Die richtige Temperatureinstellung 43
Wann ist die Wäsche richtig schmutzig? 44
Das optimale Waschprogramm 46
Wie Sie die Maschine richtig füllen 47
Warum die richtige Dosis Waschmittel entscheidend ist .. 48
Die Dosiertabelle 49
Klementines Extratipps 50

2. Während des Waschens 54

Was Waschmittel enthalten 57
Was Sie selbst tun können, um die Umwelt zu schonen .. 59
Die Checkliste: die allererste Wäsche mit der Maschine .. 60
Damit die Wäsche kuschelweich wird 64
Was sind Textilconditioner? 66
Frisch gestärkte Wäsche 68
Strahlend weiße Wäsche 72
Immer noch ein Thema: die Handwäsche 75
Die Pflege von Naturfasern 76
Die Pflege von Kunst- und Synthetikfasern 86
Besondere Pflege für Spitze 91
Frische und Sauberkeit für alle Fälle: die Reinigung 92
Imprägnierungen schützen vor Wind und Wetter 94
Klementines Extratipps 94

3. Nach dem Waschen ... 96

Auswringen und Schleudern zu Omas Zeiten ... 97
»Flattert die Wäsche im Wind ...« ... 100
Wäschetrockner sind praktische Helfer ... 104
Worauf Sie beim Wäschetrocknen achten sollten ... 107
Die Checkliste: »Nach dem Waschen« ... 109
Nach dem Trocknen 111
Im wahrsten Sinne des Wortes:
   Bügeln ist eine heiße Sache ... 113
Die wichtigsten Stoffe und wie man sie bügelt ... 117
Die besten Bügeltipps für Anfänger und Fortgeschrittene . 123
Damit beim nächsten Mal alles glatt geht ... 126
Unser moderner Wäscheschrank ... 127
Gefährliche Schädlinge im Wäscheschrank ... 129
Klementines Extratipps ... 131

4. Waschprobleme ... 134

Was alles mit der Wäsche passieren kann ... 136
Wie Sie gegen Flecken vorgehen ... 156
Das Flecken-Abc für Ihre Kleidung ... 159

5. Spezielle Wäsche ... 166

Die Checkliste:
   Warum Waschsalons so lebenswichtig sind ... 168
Das Waschen von Gardinen und Vorhängen ... 172
Das Waschen von Polsterbezügen ... 177
Das Waschen von Bettdecken und Bettwäsche ... 178
Das Waschen von Badteppichen ... 179
Das Waschen von Kuscheltieren ... 180
Endlich Urlaub! Und was macht die Wäsche? ... 181
Das Waschen spezieller Wäsche ... 183
Nicht waschen, sondern erfrischen! ... 185
Klementines Extratipps ... 187

Interview mit Johanna König alias Klementine

1. Biographisches

Erzählen Sie uns ein bisschen von Ihrer Kindheit und Jugend – immerhin haben Sie ja noch den Sachsenkönig Friedrich August III. kennen gelernt, oder?

Ich habe gerade meinen 81. Geburtstag gefeiert! Ich bin am Frühlingsanfang 1921 in Dresden geboren. Dort war mein Vater Hofkoch bei Friedrich August III. Mein Vater hat ihm meine Geburt stolz angezeigt, ich wurde dem letzten König von Sachsen wohl auch »vorgestellt«. Und der hat gesagt: »Nu ja, des wird emol en rischtscher Gomiker«, gemeint hat er damit wohl das einzelne Haar auf meinem Kopf! Mit neun tanzte ich dann erst einmal im Kinderballett der Dresdner Staatsoper. Zu komischen Rollen kam es erst viel später.

Wann und warum haben Sie sich entschlossen, Schauspielerin zu werden?

Ich habe den Entschluss nicht bewusst gefasst. Es hat sich einfach so ergeben – aus vielen kleinen Rollen. Ich hab schon als Kind in Dresden im Schauspielhaus in Märchenaufführungen mitgewirkt.

Wie sah der – sicher nicht immer einfache – Weg zur Schauspielerin aus?

Tanzen – so hat alles angefangen. Mit 14, 15 war ich bei Mary Wigman – das war eine sehr berühmte Tänzerin, die in Dresden eine Schule hatte und dort ihren sehr avantgardistischen Tanzstil lehrte. Weiter ging es dann für mich mit Gastspielen in München, Stuttgart und Berlin. Nach dem Krieg kam ich nach Berlin und trat im berühmten »Kabarett der Komiker« auf. Bei einem neuen Ballettgastspiel in München wurde das »Ballerinchen« geboren, eine Parodie aufs klassische Ballett, die später meinen Erfolg im Varieté begründete. Der Regisseur Fritz Fischer kannte mich aus seinen Revuen als Solotänzerin und er gab mir auch die erste große Rolle: Ich war die »Csárdásfürstin 1950« und spielte da eine 70-Jährige. Dies wohl mit viel komischem Talent – und so war ich nach den Kritiken die jüngste »komische Alte« in Deutschland!

Erzählen Sie uns ein bisschen von Ihren ersten Auftritten, Lieblingsrollen und Ihren Schauspielerkollegen?

Die ersten großen Auftritte nach der Kindheit – das war als Tanzparodistin. Die großen Music Halls und Varietétheater firmierten mich damals als »Europas erste Tanzparodistin«. Lieblingsrollen habe ich keine. Ich habe alles mit Begeisterung gespielt. Allerdings verdanke ich einigen Kollegen sehr viel: Erich Ponto, Paul Hoffmann, Hans Albers, Anni Rosar – sie haben mir zur Seite gestanden und mit Tipps weitergeholfen.

Als Ariel rief, wo standen Sie damals beruflich?

Nachdem ich mit der »Csárdásfürstin 1950« gut zehn Jahre unterwegs war – quer durch Europa, entdeckte mich Luis Trenker im Friedrichstadtpalast in Berlin für den Film. Danach hatte ich einen Dreijahresvertrag mit der Constantin Film geschlossen – pro Jahr drehten wir so sechs, acht Filme – neben Hauptrollen auch Sachen, von denen ich heute gar nicht mehr weiß, dass ich mitgespielt habe. Und dann kam Ariel.

2. »Klementine«

Haben Sie die Zeitung aufgeschlagen, gelesen, dass eine Schauspielerin für einen Werbespot gesucht wird, und sind dann einfach hin – oder wie können wir uns den Beginn Ihrer Werbekarriere vorstellen?

In Hamburg wurde eine Firma beauftragt, für die deutsche Version der amerikanischen Werbefigur »Josephine« eine Schauspielerin zu finden. Die haben unter deutschen, österreichischen und Schweizer Kabarettistinnen gesucht – und hatten mich eben auch auf der Liste.

War es eigentlich der erste Werbeauftrag, den Sie annahmen?

Nein – da gab's vorher einen löslichen Kaffee – Maxwell natürlich –, für den ich Werbung gemacht habe. Auch im Fernsehen übrigens. Und dann hatte ich zwar einen Werbevertrag für Lux-Seife, aber da wurde kein Spot gedreht. Und ein Waschmittel gab's noch vor Ariel: CasCade (auch von Procter & Gamble) – da fingen wir mit den lustigen Spots an.

Mussten Sie vorsprechen und auch »vorwaschen«? Welche Qualifikation musste die Darstellerin der »Klementine« mitbringen?

Nein – vorwaschen musste ich nicht. Die einzige Qualifikation war, glaubhaft zu sein. Ich bat damals den Regisseur, mich als Erstes vorsprechen zu lassen. Ich hatte es ziemlich eilig, weil meine Dackeline daheim Junge erwartete. Trotzdem wirkte ich bei den Probeaufnahmen wohl kompetent, denn sonst hätten die mich sicher nicht genommen.

Konnten Sie eigentlich schon »richtig« Wäsche waschen, bevor Sie die Klementine verkörperten? Oder hat Ihnen erst der Job als Klementine die »höheren Weihen« des Waschens verliehen?

Natürlich konnte ich vorher waschen! Heute noch ist das in unserer Ehe mein Job.

War es Ihnen wichtig, das Produkt zuerst zu testen, um selbst davon überzeugt zu sein?

Überzeugt von Ariel war ich schon vorher. Durch mein Gastspiel als »Ballerinchen« in London, wo ich nach den Auftritten mein Tutu fast kalt waschen konnte und – so würde ich heute sagen – es nicht nur sauber, sondern rein war. Also konnte ich mit gutem Gewissen die Reklame machen. Sonst wäre das in den 16 Jahren auch nicht gut gegangen. Ich finde, man muss von diesen Dingen überzeugt sein.

Wie waren die Jahre als »Sauberfrau der Nation« für Sie? Passte Ihnen das nahe liegende Klischee der Hausfrau, das irgendwie zu der Figur der Klementine gehörte? Oder sehen Sie Klementine eher als emanzipierte, patente, selbstbewusste Frau, die ihr Leben selbst in die Hand nimmt (Werkzeug, Latzhose und der vom Klempner abgeleitete Name)?

Es hat mich nicht gestört, die Waschfrau der Nation zu sein. Denn der Name hat mir das gegeben, was mir 48 Filme nicht gegeben haben: einen Bekanntheitsgrad und Sympathiebezeugungen des Publikums, wie ich es nie für möglich gehalten hätte! Außerdem hatte ich ein kaum wechselndes Produktionsteam, mit dem ich im Lauf der Jahre wirklich eine Familie geworden bin und das mich sehr verwöhnte. – So wurde ich langsam zur »Königin der bundesdeutschen TV-Werbung«, wie die Presse schrieb. Und das Klischee hat durchaus gepasst: Ich war ein patentes Kerlchen, habe immer gern Hosen angezogen – obwohl ich sie in unserer Ehe nicht anhaben möchte! Mich von meinem Mann verwöhnen zu lassen, gefiel mir da schon viel besser.

Sie sind Schauspielerin – haben Sie die Rolle der Klementine anders angelegt als ursprünglich geplant?

Ich habe die Rolle nach meinem eigenen Charakter angelegt. Klementine ist so, wie auch Johanna König ist. Klementine sollte lustig und mollig sein – und auch das konnte ich erfüllen, besonders das Letztere!

War Klementine ein typisches Produkt der 70er Jahre? Waren Klementine und der Persil-Mann das (verhinderte) Traumpaar der 70er?

Ich war eine typisch deutsche Hausfrau dieser Zeit – fröhlich und patent-pfiffig. Den Kollegen von Persil habe ich nie persönlich kennen gelernt, leider.

Latzhose und Karohemd: praktisch, stylisch oder purer Zufall? Haben Sie noch eine im Schrank?

Als Klementine sollte ich ja so eine Art weiblichen Klempner verkörpern. Deshalb auch anfangs der Schraubenschlüssel. Der Name war ja ebenfalls Programm: Klempner-Klementine. Da lag die praktische Kleidung nahe. Auch daheim trage ich gerne Hosen. Die berühmte Latzhose und das Karohemd stehen zurzeit unter Glas in der Ausstellung des Deutschen Werbemuseums. Und danach werden sie bis März 2002 im »Haus der Geschichte der Bundesrepublik Deutschland« in Bonn ausgestellt. Und darauf bin ich sehr stolz.

Seit wann war Ihnen klar, für welch lange Zeit Sie die Rolle der Klementine spielen müssen?

Es war mir anfangs nicht klar, wie lange der Vertrag laufen würde. Wir hatten zunächst einen Vertrag für ein Jahr, dann fünf, zehn, 18 Jahre. Danach war erst mal Schluss. Nach meiner Rückkehr auf den Bildschirm wurde der Vertrag bis 2000 verlängert. Und zu meinem 79. Geburtstag wurde er in einen lebenslangen Vertrag umgewandelt – ein Geschenk von Procter & Gamble.

3. Das Leben danach

Hat sich Ihrer Meinung nach bereits während der Werbespots oder erst nach deren Absetzung der »Mythos Klementine« gebildet?

Wohl während der Pause zwischen 1983 und 1993. Körbeweise ist die Post bei mir in Berlin und bei Procter & Gamble in Schwalbach angekommen. Und in Hamburg wurde eine Bürgerinitiative gegründet: »Rettet Klementine!«

War Klementine für Sie mehr als eine Rolle? Hat sie Sie als Person verändert?

Klementine war immer Johanna König und umgekehrt.

Hat die Klementine-Rolle für Sie andere, ernste Rollen verhindert? Würden Sie Klementine als die Rolle Ihres Lebens bezeichnen?

Während der Klementine-Zeit schreckten die Filmproduzenten vor dem Image der Waschfrau zurück. Die große Rolle der »Frau Stöhr« im »Zauberberg«, die Regisseur Geißendörfer mit mir besetzen wollte, wurde vom Produzenten Franz Seitz mit der Begründung abgelehnt, man könne dieses große deutsche Epos nicht mit einer Werbefigur befrachten. Andererseits hatte ich 1976 die Titelrolle in »Jane bleibt Jane« gespielt und dafür beim internationalen Filmfestival in Locarno den Kritikerpreis erhalten. Und in London wurde »Jane bleibt Jane« 1977 zum herausragenden Film gewählt. Aber trotz allem: Klementine ist die Rolle meines Lebens.

Was dachten/fühlten Sie, als Sie erfuhren, dass die Spots mit Klementine eingestellt werden? Kennen Sie die Begründung – immerhin sind Sie bis heute eine der prominentesten (also erfolgreichsten) Werbeträger schlechthin?

Es war so, dass ich immer für 60 Grad Reklame gemacht habe, und dann gab es ein neues Produkt. Außerdem hatte Klementine eine Popularität bekommen, dass man schon gar nicht mehr hinhörte, denn das kannte man schon alles. Stellen Sie sich das einfach so vor wie Ihren geliebten Opa, der Ihnen schon zum x-ten Mal seine Lebensgeschichte erzählt.

Den Opa lieben Sie zwar, aber bei der Erzählung seiner Lebensgeschichte hören Sie irgendwann nicht mehr wirklich zu. Und da hat man gesagt: Wir nehmen jetzt neutrale Frauen, die das neue Ariel präsentieren.

Würden Sie – nach Ihren Erfahrungen – noch einmal das Rollenangebot Klementine übernehmen? Wenn ja: Würden Sie etwas anders machen?

Der Vertrag mit Procter & Gamble gestattet es der Firma jederzeit, Klementine wieder aufleben zu lassen. Ich würde dem natürlich nachkommen – mit neuen Comedy-Elementen und wieder rot-weiß kariert.

4. Wäsche waschen

Schon mal was verfärbt oder einlaufen lassen?

Einmal wurden die Unterhosen meines Mannes durch ein rotes Tuch rosa eingefärbt. Sie sehen: Das kann der perfektesten Hausfrau mal passieren.

Wie wäscht Johanna König? Immerhin haben Sie als Klementine Waschtipps großzügig an die Nation verteilt.

Ich wasche – natürlich! – mit Ariel.

Haben Sie bestimmte Waschrituale, Waschzeiten, Waschtage?

Nein, ich kenne keine Waschrituale. Wenn was schmutzig ist und genug zusammenkommt, wird die Waschmaschine angeworfen.

Waschen Sie heute anders bzw. besser als vor Ihrem Engagement als Klementine?

Im Ernst – ich hab noch nie etwas anderes genommen als Ariel. Schon auf meinen Tourneen, als ich in London aufgetreten bin und mein Kostüm kalt waschen konnte. So ein Waschmittel gab's damals in Deutschland noch nicht.

Was liegt Ihnen mehr? Waschen oder Bügeln?

Eindeutig: das Waschen. Für Bügeln ist Felix Hock zuständig – mein Mann. Für ihn ist das wie Mit-der-Eisenbahn-Spielen.

Haben Sie einen Trockner oder trocknen Sie klassisch an der frischen Luft?

Im Sommer kommt die Wäsche an die frische Luft. Im Herbst und Winter in einen Trocken-Schrank.

Uns ist klar, womit Sie waschen, aber – Pulver, Tabs, Flüssig?

Ich benutze Pulver, Tabs und Flüssig.

Und bei hartnäckigem Schmutz: noch ein Geheimtipp?

Flecken werden flüssig vorbehandelt. Dann gehen sie leicht bei der normalen Wäsche raus.

Hausmittel aus der guten alten Zeit: Haben sie ausgedient dank modernster Waschmittel oder verraten Sie uns den einen oder anderen Kniff, den Sie selbst erfolgreich anwenden?

Aus der Medical Tribune stammt dieser Tipp, der mir gut gefällt: Ein Arzt hat in seiner Praxis festgestellt, dass seine Helferinnen blinde und fleckige Instrumente mit Ariel reinigen. Alles wird fleckenlos glänzend – und das kann man sicher auch mit Gegenständen aus der Küche machen.

Vorwort

Adam und Eva im Paradies hatten's leicht. Sie trugen keine Kleider. Und selbst nachdem sie den Apfel vom Baum der Erkenntnis genascht hatten, reichte ihnen jeweils ein Feigenblatt, um ihre Blöße zu bedecken. Auch unser zotteliger Vorfahr aus dem Neandertal machte sich wenig Mühe mit Wäsche und Kleidung: ein paar Tierhäute, ein paar Felle – und fertig war sein Outfit. Keinerlei Probleme mit der Qual der Wahl, mit einer Riesenauswahl im Kleiderschrank! Und erst recht nicht damit, wie man diese Garderobe, wie man Wäsche überhaupt pflegt. Adam und Eva wechselten ihre Feigenblätter vermutlich täglich. Und damit hatte es sich! Herr Neandertaler und seine Höhlenmitbewohner stanken in ihren Fellgewändern wahrscheinlich abscheulich, aber das bereitete ihnen wohl kaum Sorge, denn Körperpflege, Deo und vor allem das Waschen der Klamotten waren einfach noch nicht erfunden.

Heute sieht das anders aus. Unsere Kleidung besteht aus den verschiedenartigsten Stoffen und Mischgeweben. Und deshalb ist es nicht gerade einfach herauszufinden, wie man Shirts und Dessous, Hemden, Blusen und Pullover, Jacken und Hosen, Röcke und Blazer – überhaupt die ganze Wäsche richtig behandelt. Auf dass sie sauber werde und gepflegt wirke. Und das gilt nicht nur für unsere Kleidung, sondern natürlich auch für alle anderen Stücke aus Stoff, die wir wenigstens hin und wieder säubern wollen.

Waschen war früher Schwerstarbeit. Erst einmal musste die Wäsche sortiert, dann eingeweicht, gewaschen, auf dem Waschbrett geschrubbt, mehrmals gespült, ausgewrungen, ausgeschüttelt, zum Trocknen aufgehängt, geplättet und zu guter Letzt wieder in Schränke und Truhen geräumt werden. Ein Riesenaufwand – selbst wenn das gesamte weibliche Dienstpersonal mithalf. Heinzelmännchen oder andere hilfreiche Geister zeigten sich nämlich nur höchst selten, sie waren eher in Märchenbüchern zu Hause. Und selbst wenn sie gelebt und tatkräftig mitgeholfen hätten – den reinlichen und gründlichen deutschen Hausfrauen wäre solch magische Putz- und Wascharbeit sicher nicht ganz geheuer gewesen!

Dennoch haben sich die höheren Mächte erbarmt. Schon Shakespeare lässt den unsteten Luftgeist Ariel in seinem Stück »Der Sturm« eine wichtige Rolle spielen: Der Herzog und Magier Prospero beschwört den Geist, dieser muss ihm zu Willen sein. Mit frischem Wind – diesmal für die Wäsche! – kehrte Ariel im 20. Jahrhundert wieder. Seit 1966 hilft er im Haushalt bei der großen und kleinen Wäsche. Und brachte gleich noch einen weiteren guten Geist mit: Klementine, die patente Klempnerin, die weit mehr als ein Jahrzehnt über die Bildschirme beim Waschen mit Rat und Tat zur Seite stand. Klementine und Ariel bekamen im Laufe der Zeit natürlich noch ein paar Gefährten, z. B. Lenor, Downy und Febreze. Alle haben mit Frische und Sanftheit zu tun, und alle ermöglichen es uns heute, mit wenig Aufwand stets saubere, ja reine und gut duftende Wäsche zu haben. Waschen ist heute keine große Sache mehr. Selbst wenn es immer noch die »große Wäsche« gibt und sich auch der Waschtag (vielerorts übrigens immer noch meist montags) erhalten hat.

Klementine und Ariel – das sind noch heute Symbolfiguren im deutschen Werbefernsehen. 1968 hat man Klementine »erfunden« und dann war die freundliche Klempnerin in der weißen Latzhose mit dem rot-weiß karierten Hemd 15 Jahre lang präsent. Immer wieder mit dem bis heute unvergessenen Spruch: »Ariel macht nicht nur sauber, sondern rein!« Seit 1982 sogar »porentief rein«. Dann hatte Klementine erst einmal ausgedient und wurde in Pension geschickt. Wahre Proteststürme waren die Folge – und 1993 war's dann so weit: Der saubere Luftgeist Ariel hatte seine Klementine wieder. Drei Jahre lang war sie dann wieder zu sehen. Ohne Latzhose, denn die wollte sie mit siebzig nicht mehr anziehen. Aber sie war schick in ihrem roten Armanikostüm und trug immer noch die weiße Mütze, damit jeder sie gleich erkannte. Unter dem Motto »Auf die Umwelt achten« gab sie Tipps zum Kompaktwaschen und für Reinmacher im Ökoformat. 1996 allerdings ging sie endgültig in den Ruhestand. Wobei es sich bei der »echten« Klementine – ganz wie's sich für einen wirbeligen Luftgeist wie Ariel gehört – eher um einen Unruhestand handelt. Immerhin hat sie einen lebenslangen Werbevertrag mit Ariel, und wer weiß, vielleicht wird sie noch einmal reaktiviert. Aktiv ist sie jedenfalls geblieben, wie auch dieses Buch beweist, in dem Sie wichtige Tipps von ihr rund ums Waschen finden können.

1.
Vor dem Waschen

Wäschewaschen ist heute nicht mehr so schwer wie noch zu Großmutters Zeiten. Da war der »große Waschtag« fast ein Staatsakt. Deshalb fand er auch nicht jede Woche statt (wie heute in jedem modernen Haushalt), sondern viel seltener. Für alle großen Wäschestücke wie Lein- und Tischtücher oder Bettzeug nur zwei- bis dreimal im Jahr, meist im Frühjahr und Herbst. Diese vorausschauende Zeitplanung kam auch dem Herrn des Hauses entgegen. Denn der musste sich nämlich darauf einrichten, dass er während der großen Wäsche nur mit notdürftiger Kost vorlieb zu nehmen hatte. Daher stammt der alte Spruch: »Wenn Frauen waschen und wursten, müssen Männer und Kinder hungern und dursten!« Wobei die Herstellung von Wurst nicht unser Thema ist. Wohl aber alles, was mit Waschen und Wäschepflege verbunden ist.

Kuriositäten rund ums Thema Wäsche
- In einem englischen Landstädtchen soll sogar einmal die auf einen Montag angesetzte Gemeindewahl verschoben worden sein. Denn an ihrem traditionellen Waschtag hatten die Wählerinnen keine Zeit, sich anderen Dingen zu widmen.
- Sogar einen »Zungenbrecher« über Waschfrauen gibt es: »Wir Wiener Waschweiber würden weiße Wäsche waschen, wenn wir wüssten, wo warmes Wasser wäre.«

Einen kleinen Vorteil hatten unsere Großväter allerdings vom Waschtag: die Wäscherinnen. Diese waren meist besonders hübsch. Und weil's in der Waschküche ziemlich hoch herging und die Temperaturen ebenfalls hoch waren, war so mancher Blick auf geraffte Röcke und damit wohl auch auf schön geformte Waden möglich, bisweilen sicher auch tiefe Einblicke in verführerische Dekolletés und der Anblick anderer verbotener Körperteile. Vielleicht einer der Gründe, warum der Hausherr nicht grollte, wenn er an Waschtagen zu Hause nichts Anständiges auf den Tisch bekam. Immerhin hatte er etwas Schönes zum Angucken…

Die Hausfrau selbst war – auch wenn sie Wäscherinnen ins Haus bestellt hatte – wirklich voll und ganz beschäftigt, und das nicht nur einen, sondern eher zwei bis drei Tage. Der übrige Haushalt war mehr oder weniger lahm gelegt. Als Einzige wurden während dieser Zeit die Waschfrauen gut verköstigt – selbstverständlich erst nach getaner Arbeit! Die übrigen Mitglieder des Haushalts mussten entweder mit Resten vorlieb nehmen – deshalb war meist Montag Waschtag, da gab's dann Übriggebliebenes vom Sonntag –, oder die Hausfrau sorgte für einfache, aber deftige Kost, wie etwa einen Eintopf. In Patrizier- wie Bürgerhäusern fühlte sich die Hausherrin persönlich dafür verantwortlich, dass es den fleißigen Helferinnen an nichts mangelte – auch nicht an Getränken. Es war allgemein bekannt, dass Waschfrauen einen »guten Zug« hatten. Sie schütteten Wasser, Bier, sogar Branntwein, später unzählige Tassen Kaffee in sich hinein. Dennoch hat sogar Goethe seine Wäscherin wärmstens weiterempfohlen. Das kann man in einem seiner Briefe aus dem Jahre 1826 nachlesen. Denn schließlich hatte der große Durst der Waschfrauen seinen Grund: Sie standen stunden-, ja tagelang in der heißen Waschküche.

Der kleine Test:
Was für ein Waschtyp sind Sie?

Bevor wir jedoch zum Eigentlichen kommen, sollten Sie erst einmal herausfinden, welcher Waschtyp Sie sind. Können Sie sich zu den echten Profis zählen? Oder sind Sie eher ein Wasch-Anfänger, der über die Grundlagen noch gar nicht hinausgekommen ist? Ein kleiner Test wird Ihnen weiterhelfen. Beantworten Sie einfach die folgenden Fragen und dann wissen Sie genau Bescheid.

1. Ich dusche zwar regelmäßig, aber Wäsche waschen, das macht
a. *meine Mami, glücklicherweise* — *1 Punkt*
b. *meine Freundin, deswegen bin ich mit ihr zusammen* — *0 Punkte*
c. *mein Mann/meine Frau – wir teilen uns die Hausarbeit* — *3 Punkte*
d. *meine Oma, weil ich ihr/e Lieblingsenkel/in bin* — *2 Punkte*
e. *ich selbst – mit Ariel ist's kein Problem* — *4 Punkte*

2. Welche Waschmöglichkeiten haben Sie?
a. *Das Waschbecken im Badezimmer, zumindest für die Handwäsche* — *3 Punkte*
b. *Eine Waschmaschine, und ich möchte nicht auf sie verzichten* — *5 Punkte*
c. *Ich gehe in den Waschsalon, da lerne ich immer nette Leute kennen* — *4 Punkte*
d. *Ich gehe an den nächsten Bach, weil ich auf Tradition stehe und nostalgisch bin* — *0 Punkte*
e. *Einen alten Blecheimer, weil ich mir keine Maschine leisten kann* — *1 Punkt*

f. Die Badewanne, da passt wenigstens
   alles auf einmal rein   *1 Punkt*

3. Wo steht in Ihrem Haushalt die Waschmaschine?
   a. Im Keller – ist aber zu weit entfernt, wenn
   man einen vollen Wäschekorb schleppt   *2 Punkte*
   b. Im Badezimmer – da wird alles sauber,
   auch ich selbst   *4 Punkte*
   c. In der Küche – neben dem Kühlschrank,
   damit man sich bei der Arbeit stärken kann   *3 Punkte*
   d. In der Waschküche – allerdings sind
   da sämtliche Maschinen immer kaputt   *1 Punkt*
   e. Keine Ahnung – ich kann's mir leisten, neue Klamotten
   zu kaufen, wenn die alten schmutzig sind   *0 Punkte*

4. Wie oft waschen Sie Ihre Kleidung?
   a. Ein Mal pro Woche – das ist ja wohl klar   *2 Punkte*
   b. Jeden Tag zweimal – ich leide unter
   Waschzwang   *1 Punkt*
   c. Immer, wenn's nötig ist   *5 Punkte*
   d. Zumindest die Unterwäsche nach jedem Tragen   *4 Punkte*
   e. Wenn meine Freunde den Kontakt zu mir
   abbrechen, weil ich angeblich streng rieche   *0 Punkte*

5. Welches Waschmittel benutzen Sie?
   a. Vollwaschmittel, weil der Wäschekorb
   sowieso immer voll ist   *3 Punkte*
   b. Buntwaschmittel, weil ich auf fröhliche
   Farben stehe   *3 Punkte*
   c. Feinwaschmittel, denn ich kleide mich
   nur in Kaschmir und Seide   *2 Punkte*
   d. Nur Weichspüler, damit ich mich
   schön reinkuscheln kann   *1 Punkt*
   e. Ariel – für mich eine gute Wahl   *5 Punkte*

6. Welche Arten von Waschmitteln kennen Sie?
a. *Waschpulver – das rieselt so schön und lässt mich an Pulverschnee im Skiurlaub denken*   *4 Punkte*
b. *Flüssigwaschmittel – da gibt's so eine lustige Kugel dazu*   *4 Punkte*
c. *Tabs, da muss ich mir um die richtige Dosierung keine Gedanken machen*   *4 Punkte*
d. *Seife, die erinnert mich so an Großmutters Zeiten*   *2 Punkte*
e. *Keine Ahnung – ich lasse waschen*   *0 Punkte*

7. Woran erkennen Sie, wie Sie ein Kleidungsstück waschen müssen?
a. *An der Farbe – ich wasche streng nach Farben getrennt*   *1 Punkt*
b. *An der Art des Kleidungsstücks – niemals würde ich meine Jeans zusammen mit dem »kleinen Schwarzen« waschen*   *2 Punkte*
c. *Am Pflegehinweis – wofür ist das Ding sonst da!*   *5 Punkte*
d. *Weiß ich aus Erfahrung – und ich habe nur jeweils drei rosa und hellblaue Slips …*   *4 Punkte*
e. *Keine Ahnung, wird schon gut gehen*   *0 Punkte*

8. Welchen Waschgang wählen Sie aus?
a. *Kochgang – damit alles wirklich sauber wird und keinerlei Schmutz zurückbleibt*   *1 Punkt*
b. *Schongang – ich will meine Wäsche nicht überstrapazieren*   *2 Punkte*
c. *Vorwäsche – das reicht aus, ich bin eh nicht so schmutzig*   *2 Punkte*
d. *Hauptwäsche – nur dann wird's richtig sauber*   *2 Punkte*

*e. Gemäß Hinweis auf dem Etikett im
   Kleidungsstück*   5 Punkte
*f. Waschgang – was ist das denn?!
   Ich kenne nur Spaziergang!*   0 Punkte

Auflösung:
- *Bis 9 Punkte: Man kann Sie nicht mit einer Waschmaschine alleine lassen, denn vom Waschen haben Sie null Ahnung. Mit diesem Buch jedoch können Sie zum Wasch-Profi werden.*
- *10 bis 20 Punkte: Sie sind Wasch-Anfänger. Aber wenn Sie erst mal dieses Buch gelesen haben, kann Ihnen niemand mehr etwas vormachen.*
- *21 bis 31 Punkte: Sie haben schon einige Erfahrungen mit Ihrer Waschmaschine gemacht. Man könnte Sie als »Durchschnitts-Wascher« bezeichnen. Zum Profi fehlen Ihnen jedoch noch ein paar Tricks und Tipps.*
- *Über 32 Punkte: Sie sind auf dem besten Weg zum absoluten Wasch-Profi. Trotzdem ist dieses Buch nicht nutzlos für Sie, denn Sie werden noch so manchen nützlichen Tipp finden, den selbst Sie nicht kennen.*

So, und jetzt wollen wir mal zur Sache kommen! Schritt für Schritt können Sie nun lernen, wie man richtig wäscht. Zunächst einmal geht es um die richtige Ausrüstung.

Was Sie zum Waschen brauchen

Sagen Sie jetzt bloß nicht, einfach nur Seife und Wasser! Das wäre zwar im Prinzip richtig, aber eben nur im Prinzip. Unsere Großmütter kannten sicher noch den langwierigen Vorgang, bei dem man die Wäsche in Seifenlauge wusch. Sie stellten manchmal sogar die Seife noch selbst her.

Die große Wäsche vor 100 Jahren
Am ersten Tag
Bottiche, Waschbrett, Wäscheschlegel und Waschkessel bereitstellen. Wäsche sortieren, auf links drehen und die weiße Wäsche in lauwarmem Wasser über Nacht einweichen. Waschmittel herstellen: Seife in Stücke schneiden, mit Soda aufkochen, bis sich die Seife gelöst hat, Brei kalt stellen. Das Wasser zum Einweichen erwärmen. Wäsche sortieren, im Bleichsoda-Waschwasser über Nacht einweichen.

Am zweiten Tag
Wäschestücke nacheinander einzeln mit dem Seifenbrei einbürsten und in den Waschkessel geben, bis er voll ist. Das Wasser aufkochen lassen. Die Weißwäsche mit Soda eine $1/2$ bis 1 Stunde kochen, danach mit zwei großen Holzkochlöffeln herausheben und in einen Zuber mit warmem Wasser werfen. Frisches Wasser in den Kessel geben und die restliche Wäsche waschen, dann die Buntwäsche, Wollwäsche usw. Die bereits gekochte Wäsche durchsehen, an Nähten, Kragen usw. nochmals einseifen und auf dem Waschbrett durchwaschen. Auswringen, in den Zuber geben, mit heißem Wasser übergießen und über Nacht darin stehen lassen.

Am dritten Tag
Wäsche auswringen und im Sommer auf dem Rasen einen halben oder ganzen Tag lang bleichen, während sie durch ständiges Begießen feucht gehalten wird. Danach nochmals auswaschen, auswringen und auf der Leine oder dem Rasen trocknen. Im Winter die Wäsche auf der Leine gefrieren lassen, damit sie schön weiß wird.

Ein altes Seifenrezept
7,5 Liter Wasser (Regenwasser)
1,25 kg Soda
1,5 kg Kalk
1,8 kg Fett (davon $2/3$ Schweinefett, $1/3$ Unschlitt)
150 g Pech (»Saupech«)
Zubereitung: Wasser, Soda und Kalk etwa 30 Minuten kochen, dann über Nacht stehen lassen. Wasser abgießen, der Kalk hat sich am Boden abgesetzt. Das zerlassene Fett und Pech dazugeben. Dann so lange kochen, bis das Ganze einen Faden zieht. In eine Form gießen. Nach Erkalten in Stücke schneiden.

Ihre Antwort »Seife und Wasser« würde allerdings beweisen, dass Sie beim Test geschwindelt haben, wenn Sie bei der Auflösung über den Anfängerstatus hinausgekommen sind. Denn erstens verwendet man heute zum Wäschewaschen keine reine Seife mehr. Bereits vor etwa 100 Jahren gab es »selbsttätige Waschmittel«, auch wenn Ariel noch nicht erfunden war. Dieser gute Geist kam den Hausfrauen ja erst ab 1966 beim Waschen zu Hilfe. Zweitens ist Wasser eben nicht gleich Wasser. Und drittens ist es sicher von Vorteil und ungemein arbeitserleichternd, wenn man neben Punkt eins und zwei außerdem noch eine Waschmaschine benutzt.

Kleiner Exkurs zum Thema Waschmittel

Waschmittel sollen Ihre Kleidung sauber machen, wenn sie schmutzig ist. Wobei es dem Waschmittel völlig gleichgültig ist,

- ob Sie nur einfach nach einem langen Arbeitstag wieder ein wenig Frische in Bluse oder Hemd bringen wollen,
- ob Sie Ihrer heiß geliebten Jeans nach einer Woche Tragezeit wieder einmal ein wenig mehr »Auswascheffekt« verleihen möchten,
- ob Sie das völlig verdreckte Fußballshirt Ihres Nachwuchses nach dem Freundschaftsspiel wieder auf Vordermann bringen sollen oder
- ob Sie Socken und Unterwäsche täglich gern frisch und sauber anziehen.

Waschmittel schaffen all das – und noch mehr. Sie können nicht nur Ihre Kleidung, sondern alle Textilien wieder sauber und rein machen, die im Haushalt zu finden sind, also auch Handtücher, Bettwäsche, Vorhänge, Tischdecken, Servietten (die aus Stoff natürlich), Geschirrtücher und vieles andere mehr. Natürlich kann man nicht jedes Stück gleich behandeln. Man muss auf gewisse Empfindlichkeiten und Unterschiede Rücksicht nehmen. Wäre das nicht so, könnten Sie dieses Buch jetzt gleich aus der Hand legen – und das wäre weder im Sinne der Autorin noch des Verlags und schon gar nicht im Sinne Ariels. Waschen ist aber keine Wissenschaft. Man kann es leicht lernen und zur Perfektion bringen, wenn man sich ein paar Dinge bewusst macht.

Was Waschmittel können

Seit etwa 100 Jahren gibt es so genannte »selbsttätige Waschmittel«. Sie sind weitaus mehr als nur Seife, denn

sie enthalten Wirkstoffe, die eine ganze Menge mehr können, als nur »sauber zu machen«. Sie
- lösen fettigen Schmutz von der Faser ab,
- bringen bestimmte Flecken zunächst in eine lösliche Form, damit sie danach leichter entfernt werden können,
- enthärten das Wasser,
- lassen die Farben wieder leuchten,
- schützen die Textilfasern,
- ergänzen Rezepturen, damit ein modernes Waschmittel die Wäsche einerseits schont, andererseits auch bei einem Kurzprogramm bestmögliche Ergebnisse bringt, Sie also immer saubere Wäsche bekommen.

Welche Waschmittel es gibt

Dass ein mit Pailletten besetztes T-Shirt nicht genauso heiß gewaschen werden darf wie Küchenhandtücher, sollte selbst einem Wasch-Anfänger klar sein. Denn je nach Stoffart und Verschmutzung reichen niedrigere Temperaturen aus, um saubere Wäsche zu erzielen. Und außerdem gibt es unterschiedliche Waschmittel, je nach Verwendungszweck:
- für Kochwäsche – bis 95 °C
- für Buntwäsche – bis 60 °C
- für Feinwäsche – bis 30 °C oder 40 °C
- für Spezialzwecke (Gardinen, Wolle, Seide etc.)

Da es sehr viele Kombinationen von Fasern und Farbstoffen gibt, ist für die Auswahl des Waschmittels immer das Pflegeetikett des Textilherstellers ausschlaggebend. Für empfindliche Stoffe und Farben z. B. sind Vollwaschmittel nicht geeignet. Hierfür verwenden Sie besser Colorwaschmittel: Das sind Vollwaschmittel ohne Zusatz von Bleichmitteln oder optischen Aufhellern. Sie sind besonders gut

geeignet, farbige Textilien länger zu erhalten, weil sie die Farben schonen. Im Allgemeinen gilt die folgende Auswahl:
- für Wolle und Seide: Woll- und Feinwaschmittel,
- für Kunstfasern wie Nylon, Perlon und Polyester: Vollwaschmittel,
- für Leinen und Baumwolle: Vollwaschmittel,
- für empfindlichere Farben: Colorwaschmittel.

Lassen Sie sich nicht von der Vielfalt verwirren

Es gibt zwei Arten von Pulvern für die Waschmaschine: einmal das traditionelle, das so schön aus der Packung rieselt – es heißt Ariel – und Bleichmittel und Aufheller enthält. Man füllt es in die Waschmittellade der Maschine und benötigt davon eine etwas größere Menge als bei den so genannten Kompaktpulvern (siehe auch Dosierungsanleitung unten). Das liegt daran, dass in dieser Art Pulver – dem Kompaktpulver – keine Stellmittel enthalten sind (Stellmittel sind übrigens Füllstoffe. Sie verbessern die Rieselfähigkeit des Waschpulvers und vergrößern das Volumen und Gewicht.). So wirken sie konzentrierter und Ihre Wäsche wird genauso sauber. Auch Kompaktwaschmittel können Sie in die Lade der Maschine füllen. Man kann sie aber auch in einem speziell entwickelten Säckchen (»Arielette«) in die Trommel geben. Am besten legt man die Arielette dann direkt auf die Wäsche.
- Neben Ariel und Ariel Color gibt es aus der Procter & Gamble-Familie noch Vizir und Vizir Color sowie Dash und Dash Active Fresh für leichtes Bügeln.

Flüssigwaschmittel sind besonders gut geeignet für fettigen Schmutz. Also vor allem für Wäsche, die direkt am Körper getragen wird, oder vielleicht auch für Küchenhandtücher, an denen man sich beim Kochen schnell mal die Hände abwischt. Die Stärke der »Flüssigen« liegt darin, dass man schwierige Flecken direkt vor dem Waschen mit dem puren Waschmittel vorbehandeln kann. Es kann dann gezielt einwirken. Dafür sorgt ein spezieller Dosierball. Er wurde nicht erfunden, damit Sie Ihrem Spieltrieb nachgehen oder, falls Sie ein Hausmann sind, das Kind im Manne ausleben können, sondern er hat durchaus praktischen Nutzen. Der so genannte Fleckwegroller wird – mit Flüssigwaschmittel gefüllt – direkt in die Trommel auf die Schmutzwäsche gelegt. Hier kann er dann seine positive Wirkung entfalten. Eine spezielle Vorrichtung am Fleckwegroller (nämlich eine Kugel zum besseren Auftragen) ermöglicht es außerdem, das Waschmittel als Vorbehandlung genau auf Flecken oder sehr verschmutzte Stellen aufzubringen. Flüssigwaschmittel sind deshalb besonders gut für die Handwäsche oder Kurzprogramme Ihrer Waschmaschine zu verwenden.

- Flüssigwaschmittel sind als Non-Color- (Ariel Hydractiv und Colorwaschmittel (Ariel Color Hydractiv) erhältlich. Keines enthält Bleichmittel, dem Vollwaschmittel wurde allerdings ein Aufheller zugesetzt. Es ist deshalb besonders gut für weiße Wäsche geeignet.

Waschmitteltabletten, Tabs genannt, sind eine relativ neue Erfindung. Sie werden einfach in die Waschmittellade der Maschine gelegt. Bitte nicht direkt in die Trommel auf die Wäsche! Ein Messbecher oder der Dosierball sind zur Dosierung nicht nötig. Ein Blick auf die Dosiertabelle (siehe unten) zeigt: Mit Tabs dosieren Sie einfach und problemlos, also ideal für den Wasch-Anfänger!

- Die Tabs gibt es als Ariel und Ariel Color. Letztere enthalten kein Bleichmittel und keine Aufheller.

Waschen:
Vom K(r)ampf zum Kinderspiel

Es soll Frauen und Männer geben, für die ist alles, was mit Hausarbeit zusammenhängt, ein einziger K(r)ampf. Dabei sind Kochen, Putzen und Waschen heute doch ein Kinderspiel. Den vielen modernen Geräten sei Dank. Einen Waschgang einlegen (im Gegensatz zum Auto brauchen Sie keine fünf), Knöpfchen drücken – und fast alles geht von selbst. Mensch, haben Sie es bequem!

Inzwischen wurde in Duisburg gar ein wahres Wunderwerk der Technik konstruiert: eine Maschine, mit der Sie zugleich sprechen, surfen und waschen können. Ein Mausklick auf die eigene Homepage des in ein Computernetzwerk integrierten Geräts – und die Trommel rotiert.

Hätte einer unserer Vorfahren auch nur an so ein Hightechgerät zu denken gewagt, wäre er garantiert auf dem Scheiterhaufen gelandet. Sogar noch lange, nachdem 1951 mit einer Constructa der erste elektrische Vollautomat auf der Bauausstellung in Hannover vorgestellt wurde, war Waschen Schwerstarbeit. Und über Jahrhunderte hinweg eine öffentliche Angelegenheit, durchgeführt an Bächen oder Brunnen, entweder von Hand oder per Fuß. Als dann Mitte des 18. Jahrhunderts eine in England entwickelte Waschmaschine auch in Deutschland bekannt wurde, löste der »wohlfeile Waschapparat für sparsame Hausfrauen« zunächst fast einen Volksaufstand aus. Der Grund: Die Waschfrauen fürchteten um ihre Arbeit und ihr täglich Brot.

Bis die erste richtige gewerbliche Lohnwäscherei in Deutschland entstand, dauerte es fast weitere hundert Jahre: 1835 eröffnete eine Frau mit dem netten Namen Henriette Lustig in Berlin-Köpenick einen Waschbetrieb.

Heute scheint der Tag nicht mehr allzu fern, an dem auch wir Menschen in die Waschmaschine klettern werden. Der erste Apparat dieser Art, gebaut in Japan, existiert bereits: mit 13 Duschknöpfen, Ultraschall, Infrarotlicht und warmer Luft. Dauer eines Vollwaschgangs inklusive Trocknen: 14 Minuten.

Wie verwende ich welches Produkt?

Produkt	Wäscheart	Temperatur
Ariel	Weißwäsche	30 – 90 °C
Ariel	helle Buntwäsche	30 – 60 °C
Ariel	gemischte Buntwäsche	30 – 40 °C
Ariel Color	neue helle Farben	30 – 60 °C
Ariel Color	dunkle Farben	30 – 60 °C

Wieso die Wasserhärte so wichtig ist

Wie hart Wasser sein kann, merken Sie, wenn Sie im Schwimmbad vom Beckenrand oder Einmeterbrett statt des eleganten Hechtsprungs einen »Bauchklatscher« landen. Das tut richtig weh.

Wie weich Wasser sein kann, spüren Sie vielleicht, wenn Sie an einem warmen Sommertag, bei Gewitter, die Regentropfen auf Ihrer Haut fühlen. Regenwasser ist immer weich, denn es enthält keinen Kalk. Wasser aus der Leitung kommt aus dem Boden und hat unterschiedliche Härtegrade: Je nach Region ist es weicher oder härter. Es enthält einen Anteil an gelöstem Calcium- (Kalkhärte) und Magnesiumsalz (Magnesiumhärte) – hartes Wasser entsprechend mehr als weiches. Das hängt davon ab, woher das Wasser stammt, das bei Ihnen aus dem Wasserhahn kommt.

Tee- und Kaffeegenießer wissen: Weiches Wasser ist unentbehrlich für ein vollendetes Geschmackserlebnis. Nur dann werden Aromastoffe optimal gelöst. Köche kennen den Unterschied ebenfalls. Bei hartem Wasser werden Hülsenfrüchte nicht so schnell weich und Fleisch nicht so zart. Kein Wunder also, dass auch Ihre Wäsche weiches Wasser lieber mag. Hartes Wasser würde nämlich dafür sorgen, dass ein weiches Sweatshirt bretthart wird. Nun werden Sie ja wohl kaum Regenwasser sammeln und in Ihre Waschmaschine kippen. Sie benutzen sicher moderne Waschmittel und die schaffen Abhilfe bei »normalem« hartem Leitungswasser. Denn sie enthalten als Zusatz einen Wasserenthärter. Er sorgt dafür, dass kein Wirkstoff durch die Wasserhärte behindert wird.

Wasserhärte wird in Härtegraden (°dH) angegeben. Ein deutscher Härtegrad entspricht einem Gehalt von 10 mg Calciumoxid pro Liter Wasser. Die örtliche Wasserhärte ist entscheidend dafür, wie viel Waschmittel Sie brauchen. Sie fragen am besten beim Wasserwerk Ihrer Gemeinde nach, welcher Härtebereich in Ihrer Region vorherrscht. Man unterscheidet:
- Härtebereich 1: weich – 0 bis 7 °dH
- Härtebereich 2: mittel – 7 bis 14 °dH
- Härtebereich 3: hart – 14 bis 21 °dH
- Härtebereich 4: sehr hart – über 21 °dH.

Das Waschmittel muss daher je nach Wasserhärte dosiert werden. Nur bei extrem hartem Wasser – Wasserhärte von mehr als 27 °dH – kann ein Extrazusatz von Wasserenthärter sinnvoll sein.

Vorbereitung ist die halbe Arbeit

Es ist wie überall im Leben: Mit guter Vorbereitung spart man sich nicht nur unnötige Arbeit, sondern vermeidet außerdem so manchen Fehler. Das gilt natürlich auch fürs Waschen! Wenn Sie nicht plötzlich nur rosa oder hellblaue Unterwäsche haben wollen, Ihr Lieblingsshirt in der Originalgröße und nicht etwa als Zwergenhemd aus der Maschine kommen soll, dann müssen Sie die Wäsche vorbereiten, bevor Sie sie in die Maschine packen. Das macht vielleicht etwas Mühe, aber es lohnt sich!

Da finden sich im Korb für die schmutzige Wäsche umgedrehte Unterhosen und T-Shirts und völlig verdrehte Socken; in den Jeanstaschen stecken alte Schrauben oder Kaugummi-Reste samt Silberpapier und in der Blusentasche vergessene Papiertaschentücher. Ganz zu schweigen von Münzen oder Notizzetteln in Hemd- oder Hosentaschen... Also, achten Sie auf Folgendes, bevor Sie die Schmutzwäsche in die Maschine stecken:

- Taschen ausleeren
- Manschetten herunterkrempeln
- Jeans umdrehen, falls Sie möchten, dass diese nicht so schnell ausbleichen
- sämtliche Reißverschlüsse, Druckknöpfe und Häkchen schließen und Bänder zusammenbinden.

Aber aufgepasst! Manche Wäschestücke sind heimtückisch. Da verstecken sich einzelne rote Socken unter der weißen Bett- und Unterwäsche, blaue Höschen neigen dazu, sich unter den Feinwäschedessous zu verbergen. Und das alles nur, um die gesamte Wäsche in der Trommel mit zarten Pastelltönen zu versehen. Dies wiederum bewirkt bei dem/der eifrige/n Wäscher/in nicht unbedingt Freudenausbrüche, selbst wenn Pastellfarben gerade in sind. Irgendwie trifft die Verfärbung niemals den modischen Farbton. Auch weiße Spitzen-BHs, die sich plötzlich in verwaschenem sanftem Gelb- oder Orangeton zeigen, werden von der Besitzerin mit Verachtung gestraft. Was lernen wir daraus? Richtig! Die Wäsche muss also sortiert werden, bevor sie in die Maschine kommt. Und dies peinlich genau!

Das richtige Sortieren

Üblicherweise sortieren Sie Ihre Wäsche nach
- den Hinweisen auf den Pflegeetiketten
- dunklen, hellen und weißen Farben
- empfindlichen Textilien
- der Waschtemperatur
- dem Verschmutzungsgrad
- den empfohlenen Waschprogrammen.

Das Wichtigste ist der Blick aufs Etikett: Die Waschsymbole

- Das Symbol eines kleinen Waschzubers auf dem Etikett gibt Ihnen zwei Informationen: die höchste Temperatur, mit der das Textilstück gewaschen werden kann, und welchen Waschgang man am besten wählt.
- Im Zuber stehen Temperaturangaben von 30, 40, 60 und 95 Grad bzw. mit dem Symbol des Wasserhahns der Hinweis »kalt waschen«.
- Unterhalb des Zubersymbols sind z. T. waagerechte Striche. Fehlt der Strich, bedeutet dies »Normalwaschgang«.
- Ein Strich bedeutet Feinwaschgang.
- Zwei Striche weisen auf den Schonwaschgang hin.

⌂ Ein Handsymbol im Zuber meint eindeutig: »Nur Handwäsche!«, eine durchgestrichene Hand: »Keine Handwäsche!«

⌂ Ein durchgestrichener Waschzuber macht deutlich: Dieses Kleidungsstück darf gar nicht gewaschen werden. Dann finden Sie auf dem Etikett einen klaren Hinweis und außerdem Symbole für die Reinigung.

⊗ Ein durchgestrichener Kreis bedeutet: »Keine chemische Reinigung!«

Auf die Farben Rücksicht nehmen

Natürlich wäre es ausgesprochen umständlich, wenn Sie für jedes farbige Kleidungsstück einen eigenen Waschgang benötigten. Sie können Ihre Wäsche durchaus mischen. Bei farbintensiven Textilien jedoch bestehen zwei Gefahren: Sie können ausbleichen und durch die Wäsche ihre ganze Pracht verlieren oder sie verfärben die übrige Wäsche in der Trommel. Nicht gerade erfreulich! Dies gilt besonders für schwarze und rote Wäsche, die erfahrungsgemäß eher abfärbt. Viele solcher Wäschestücke haben auf dem Pflegeetikett den Hinweis »separat waschen«. Sie müssen aber dieses Wäschestück nicht unbedingt immer extra waschen. Achten Sie dennoch darauf, es nur mit ähnlichen Farben zusammen in die Maschine zu geben. Waschen Sie mehrere farbige Teile, dann stellen Sie immer *die* Temperatur ein, die von allen Stücken als niedrigste empfohlen wird. Falls Sie spezielle Methoden zur Entfernung von Flecken anwenden oder die Haltbarkeit der Farben anzweifeln, sollten Sie erst einen kleinen Test durchführen. Einige Farben halten nur für einige Waschgänge und können plötzlich auslaufen, besonders bei längerer Einwirkung eines Flecken- oder Waschmittels.

So testen Sie die Haltbarkeit der Farben

- Feuchten Sie eine nicht sichtbare Stelle, z. B. die Innenseite eines Saumes, mit warmem Wasser an.
- Legen Sie den feuchten Stoff zwischen zwei weiße Papiertücher und drücken Sie mit einem warmen Bügeleisen darauf.
- Überprüfen Sie nun, ob das weiße Papier Farbe angenommen hat. Falls nicht, heißt das, dass die Farbe haltbar ist und Sie das Kleidungsstück bedenkenlos waschen können.
- Ist auf dem Papier jedoch Farbe zu sehen, kann diese auch beim Waschen auslaufen.

Empfindliche Textilien

Es gibt eine ganze Reihe von Stoffen, die als besonders empfindlich gelten und die Sie deshalb nicht mit einem »normalen« Waschpulver waschen sollten, auch nicht mit einem flüssigen! Nicht mal Ariel und Klementine können da helfen. Das gilt für bestimmte Synthetikstoffe, für Seide und Wolle, für Jacken und Mäntel aus Stoff, für alle Stoffe, die erfahrungsgemäß »ausbluten«. Die wäscht man sowieso am besten in einem Extrawaschgang oder mit der Hand (davon mehr im Kapitel 2).

Hier noch ein paar Tipps:

- Kunst-/Chemiefasern: Viskose, Cupro und Acetat werden bei viertelvoller Trommel mit einem Feinwaschmittel gewaschen, bei Temperaturen zwischen 40 (Acetat) und 60 (Viskose und Cupro) Grad. Modal wie Baumwolle waschen. Halten Sie sich unbedingt an die Hinweise auf dem Pflegeetikett!
- Naturseide wird am besten per Hand mit einem Woll-

oder Seidenwaschmittel gewaschen. Die Temperatur sollte 30 Grad nicht überschreiten.

Jeans werden am besten bei 60 Grad gewaschen. Ausnahmen sind allerdings besonders eingefärbte Jeans oder solche mit speziellen Verzierungen. Bitte aufs Etikett schauen!

Weiße Leinenwäsche kann bei 95 Grad gewaschen werden, bunte Leinenwaren bei 40 bis 60 Grad. Die Trommel kann voll gepackt werden.

Bei Synthetik unterscheiden Sie bitte: Bunte Synthetikwäsche sollte nicht über 40 Grad, weiße nicht über 60 Grad gewaschen werden. Für Textilien aus Polypropylen und Polyester empfehlen sich sogar nur 30 Grad. Achten Sie darauf, dass die Waschmaschine nur zu einem Viertel gefüllt ist, da die Textilien sonst leicht schrumpfen, knittern oder verknoten.

Bei Wolle stellen Sie die Waschmaschine auf Schonwaschgang ohne Schleudern und höchstens 20 Grad ein. Füllen Sie die Waschtrommel lediglich zu einem Viertel. Ein Trick ist es, Wolle mit einem normalen Haarshampoo zu waschen.

Extra für Wolle und Naturseide: die Handwäsche

Gerade für Wollsachen und Kleidung aus Naturseide ist die Handwäsche noch schonender als der Schonwaschgang. Achten Sie bitte darauf, dass

- nur Feinwaschmittel verwendet wird.
- das Waschmittel immer vollständig aufgelöst ist.
- der Schmutz sich besser löst, wenn Sie auch Handwäsche etwa zwei Stunden einweichen.
- die Temperatur nicht zu hoch ist, denn handwarmes

Wasser (35 Grad), das man noch als angenehm und nicht heiß empfindet, ist für Wolle bereits zu warm.
- man bei der Handwäsche von folgenden Temperaturen ausgeht: 30 °C fühlt sich auch für die Hand kalt an; 40 °C empfindet man als angenehm warm; in 50 °C warmes Wasser kann man die Hand gerade noch hineintauchen.
- ein Blick aufs Etikett Ihnen verrät, ob Schleudern erlaubt ist. Wenn ja, stellen Sie den Kurzschleudergang ein und entfernen Sie so das überschüssige Wasser.

Die wichtigsten Stoffarten und wie man sie wäscht

Stoffart	Pflegetipp
Baumwolle	* kochfest bis 95 °C – wenn nichts anderes auf dem Etikett steht * normalerweise reichen 60 °C * weiße BW-Wäsche: Vollwaschmittel * bunte BW-Wäsche: Color- oder Feinwaschmittel
Dunova	* lauwarme Handwäsche * Maschinenwäsche bei 30 °C * Schongang mit wenig Feinwaschmittel * nur kurzschleudern * kein Weichspüler
Elasthan	* Stützstrümpfe: lauwarme Handwäsche mit Fein- oder Spezialwaschmittel * Oberbekleidung: aufs Etikett achten
Halbleinen	* kochfest in der Maschine bei 95 °C * Vollwaschmittel bei weißen und hellen Teilen * Colorwaschmittel bei farbigen Teilen
Leinen	* weißes Leinen: kochfest bei 95 °C * Vollwaschmittel * beim Waschen immer aufs Etikett achten

Polyacryl z. B. Dralon, Orlon	* waschen bei 30–40 °C in der Maschine * Schongang mit Feinwaschmittel, hoher Laugenstand * nur kurzschleudern
Polyacryl/ Wolle	* aufs Etikett achten * meist in der Maschine bei 30–40 °C waschbar * Schongang mit Feinwaschmittel * nur kurzschleudern
Polyamid z. B. Nylon, Perlon, Antron	* Maschinenwäsche bei 30–40 °C * Schongang mit Feinwaschmittel, hoher Laugenstand * nur kurzschleudern
Polychlorid z. B. Rhovyl, Thermorhovyl	* Material schrumpft bei 60 °C, deshalb nur * lauwarme Handwäsche oder * Maschinenwäsche bei 30–40 °C * Schongang mit Feinwaschmittel, hoher Laugenstand * nur kurzschleudern
Polyester z. B. Diolen, Trevira	* waschbar bei 30–40 °C in der Maschine * Schongang mit Feinwaschmittel * bei stark verschmutzten Gardinen: Vorwäsche * nur kurzschleudern
Polyester/ Polyurethan z. B. Alcantara und andere Velourlederimitate	* Pflegeanleitung auf dem Etikett beachten * meist waschbar * lauwarme Handwäsche oder * Maschinenwäsche bei 30 °C mit Feinwaschmittel * nur kurz- oder anschleudern
Polyester/ Viskose Polyester/ Baumwolle	* Maschinenwäsche bei höchstens 60 °C * Feinwaschmittel, hoher Laugenstand * geringe Maschinenfüllung (nur halb voll) * nur kurzschleudern, wenn man auf der Leine trocknet * ausschleudern, wenn man in der Maschine trocknet

| Seide | * chemisch reinigen lassen oder
* Handwäsche in mehr kaltem als lauwarmem Wasser
* vorsichtig durchdrücken
* wenig Feinwaschmittel verwenden |
|---|---|
| Viskose | * aufs Etikett achten
* in der Waschmaschine bei 40–60 °C mit Feinwaschmittel
* nur kurzschleudern
* besser tropfnass aufhängen |
| Wolle | * Wollstrickwaren immer mit der Hand waschen
* lauwarmes Wasser, mit Woll- oder Feinwaschmittel
* nicht wringen, in einem Handtuch ausdrücken
* vorsichtig in Form ziehen
* Wolle in der Maschine bei 30 °C
* Schonwaschgang mit Feinwaschmittel
* wenn überhaupt, nur kurzschleudern |

Die richtige Temperatureinstellung

Wie sauber die Wäsche wird, hängt natürlich auch von der Waschtemperatur ab. Sie ist außerdem entscheidend dafür, ob Sie Ihre Wäsche einigermaßen glatt oder völlig zerknittert aus der Maschine holen. Und natürlich bestimmt die Farbbeständigkeit die Einstellung der richtigen Temperatur. Auch hier das Pflegesymbol auf dem Etikett beachten. Sollten bei einem Ihrer Kleidungsstücke oder anderen Textilien das Etikett oder die Pflegesymbole fehlen, dann halten Sie sich am besten an folgende Hinweise:

- Heißes Wasser macht Textilien am schnellsten und gründlichsten sauber. Verwenden Sie heißes Waschwasser für robuste weiße Gewebe, farbechte Pastelfar-

ben und helle Drucke sowie Lätzchen und andere stark verschmutzte Babykleidung.
- ◆ Stark verschmutzte Arbeits- und Kinderkleidung vertragen warmes Wasser. Die Gefahr, dass Farben auslaufen, ist geringer und die Textilien verknittern nicht so stark. Verwenden Sie warmes Wasser für alle haltbaren dunklen oder hellen Farben und Kunstfasern wie Nylon, Polyester, Acryl sowie für waschbare Wolle.
- ◆ Kaltes Wasser ist optimal für empfindliche Farben. Kleidungsstücke zerknittern weniger – und zudem sparen Sie noch Energie! Allerdings sollten Sie wissen, dass kaltes Wasser nicht so gut wie bei höheren Temperaturen wäscht. Optimal ist es in jedem Fall für helle Orange- und Rottöne. Die Farben laufen dann nicht aus, sondern bleiben intensiv. Bestimmte Flecken – wie z. B. Blut oder Milch – müssen zuerst in kaltem Wasser ausgewaschen werden. Außerdem ist kaltes Wasser natürlich für sämtliche Spülvorgänge bestens geeignet.

Wann ist die Wäsche richtig schmutzig?

Manchmal erkennt man ja auf den ersten Blick, wann ein Kleidungsstück dringend in die Wäsche muss. Manchmal ist auch der Geruch ein deutliches Anzeichen! Prinzipiell werden Sie wohl stets selbst wissen, wann Sie Textilien waschen wollen bzw. sollten. Je nach Verschmutzungsgrad benötigen Sie mehr oder weniger Waschmittel. Die Dosierung (siehe unten) ist also wichtig für die Sauberkeit Ihrer Wäsche.

Man unterscheidet:
- ◆ Wäsche zum Auffrischen: Hier finden Sie keine Flecken oder Verschmutzungen. Sie haben das Kleidungsstück vielleicht nur einmal und nur sehr kurze Zeit getragen.

- Wäsche mit leichten Verschmutzungen: Das Kleidungsstück wurde getragen, hat aber keine sichtbaren Flecken.
- Wäsche mit Verschmutzungen: Diese Textilien haben deutliche Flecken.
- Wäsche mit starken Verschmutzungen: Dazu zählt man Arbeitskleidung mit hartnäckigen Flecken, auch Kinder-T-Shirts oder Jeans mit Grasflecken sowie Geschirrtücher und Küchenhandtücher.

Die Schwarzzeugkammer unserer Großmütter
Die Schwarzzeugkammer diente zur Aufbewahrung der schmutzigen Wäsche und befand sich meist in der Nähe der Mägdekammer auf dem Dachboden. In einem alten Buch fand sich folgender Ratschlag: »Sollte die Kammer, in welcher die schmutzige Wäsche aufbewahrt wird, zu entlegen sein, halte man sich in der Nähe ein Plätzchen, wo sie die Woche über, ohne jemandes Blicke zu beleidigen, aufgehoben werden kann; nur finde dies nicht in Zimmern statt, da die Ausdünstung schmutziger Wäsche äußerst ungesund ist. Jeden Samstag oder Montag schaffe man sie aber unfehlbar in die dazu bestimmte Kammer.«
Je mehr Wäsche eine Familie hatte, umso reicher war sie und desto weniger wusch sie. Manchmal gab's nur dreimal im Jahr einen Waschtag.

Das optimale Waschprogramm

Die meisten modernen Waschmaschinen haben mehrere Programme: Vorwaschgang, Normalwaschgang, Pflegeleicht-Waschgang und Fein- und/oder Wollwaschgang. Welchen Sie benutzen, hängt natürlich von der Art der Wäsche ab. Und auch hier gilt wieder: Schauen Sie aufs Etikett! Die Angaben darauf sind allerdings Maximalangaben. Niemand hindert Sie, einen Waschgang zu wählen, der Ihre Wäsche weniger beansprucht, oder einen, der Ihnen Energie und Wasser sparen hilft. Je nach Beanspruchung der Wäsche teilt man die Waschgänge wie folgt auf:

- normal
- pflegeleicht
- Feinwäsche
- Wolle
- Vorwäsche (Extrataste oder spezielle Stellung des Drehwählers). Sie ist meist nicht nötig, es sei denn, Ihre Wäsche ist extrem schmutzig.

Fehlt das Etikett oder ist nicht mehr lesbar, beachten Sie Folgendes:

- Unterwäsche (wenn sie nicht aus Seide o. Ä. hergestellt ist), Handtücher, Bettwäsche können Sie sicher im Normalwaschgang bei 40 oder 60 Grad waschen.
- Bunte Wäsche, die empfindlich wirkt, waschen Sie nur mit Feinwaschmittel im Feinwaschgang.
- Seide und Wolle sollten Sie nur mit der Hand bei niedrigen Temperaturen waschen. Handwäsche sollten Sie nicht zu lange in der Lauge liegen lassen.
- Einige moderne Maschinen haben einen extrem schonenden Wollwaschgang. Dieser kann die Handwäsche ersetzen. Aber Vorsicht! Oft ist der Wollwaschgang nicht schonend genug, um damit Wollpullover zu waschen. Er

eignet sich dann nur für Wäschestücke, die ausdrücklich als maschinenwaschbar gekennzeichnet sind.
◆ Die Waschtemperatur muss sich stets nach der empfindlichsten Faser richten. Ein Pullover, der aus Polyester und Wolle ist, muss wie ein Wollpullover gewaschen werden.

Wie Sie die Maschine richtig füllen

Weder zu voll noch mit zu wenig Ladung bringt Ihre Waschmaschine optimale Leistung. Deshalb achten Sie auf Folgendes:

- Beim Normalwaschgang kann die Maschine voll beladen werden (Trommel gefüllt). Aber bitte nicht »überfüllen«, also bei voller Trommel noch zusätzlich Wäsche reinquetschen. Ist die Maschine dagegen nur halb voll, dann verbrauchen Sie unnötig Energie und Wasser. Eventuell hat Ihre Waschmaschine eine Taste für halbe Beladung.
- Beim Waschgang für pflegeleichte Wäsche ist die Trommel nur zur Hälfte oder etwas mehr gefüllt.
- Beim Waschgang für Feinwäsche wird die Trommel nur bis zur Hälfte gefüllt.
- Beim Wollwaschgang sollten Sie darauf achten, dass die Trommel eher weniger als halb voll ist.

Wenn Sie nur wenig Wäsche haben

Sie haben einen Single-Haushalt und kriegen kaum je eine Waschmaschine voll? Dann »sparen« Sie an der Temperatur! Die meisten Wäschestücke können Sie bei 30 oder 40 Grad im Normalwaschgang waschen. Sortieren Sie dann nur empfindliche und starkfarbige Textilien aus, die abfärben können.

Warum die richtige Dosis Waschmittel entscheidend ist

Moderne Waschmittel sind für ganz bestimmte Zwecke hergestellt worden. Wenn Sie sich nicht an die entsprechenden Angaben für die Dosierung halten, sondern nach der Methode »viel hilft auch viel« verfahren, werden Sie beim Waschen Ihr blaues Wunder erleben. Oder je nach Wasserhärte und Dosierung entweder eine überschäumende Waschmaschine oder sogar Schäden an Ihrer Wäsche haben. Das Motto »je mehr, desto besser« ist gerade beim Waschen völlig fehl am Platze. Das betrifft übrigens nicht nur die Menge des Waschmittels, die Sie Ihrer Wäsche zumuten, sondern z. B. auch die Menge Wäsche, die Sie Ihrer Waschmaschine zumuten. Doch dazu kommen wir noch.

Sicher haben Sie schon mal in einem Film oder einer Fernsehserie eine überschäumende Waschmaschine gesehen, vor der sich ein hilfloser Ehemann, ein unerfahrener Junggeselle oder eine verzweifelte Hausfrau abmühten, dem alles überschwemmenden Schaum Herr zu werden. Diese Schaummenge lag aber so gut wie sicher nicht an der Dosierung des Waschmittels. Das schaffen selbst blutige Wasch-Anfänger wohl nur in den seltensten Fällen! Eines sollten Ihnen diese Filmszenen dennoch klar machen: Ein Blick auf die Packung tut unbedingt Not. Hier finden Sie genaue Hinweise, wie Sie das Waschmittel richtig dosieren. Nicht wegen der Schaumbildung, sondern wegen der Waschkraft. Schließlich wollen Sie saubere Wäsche haben und nicht etwa noch Schmutzreste oder Flecken vorfinden. Also, halten Sie sich immer an die Hinweise auf der Packung. Genaues Dosieren heißt, dass Sie die Waschmittelmenge nicht »über den Daumen« peilen.

- Verwenden Sie Waschmittel in Pulverform, dann legen Sie sich einen Dosierbecher zu, am besten einen aus durchsichtigem Material. Da sind die Eichstriche besonders gut sichtbar.
- Bei Flüssigwaschmitteln ist der Dosierball der Messbecher.
- Tabs werden ebenfalls entsprechend der Dosieranleitung verwendet.
- Nehmen Sie nicht genügend Waschmittel bei normal verschmutzter Wäsche und mittelhartem Wasser, werden die Textilien nicht sauber. Außerdem können sich Kalkrückstände ansammeln und die Maschine beschädigen. Sollte das geschehen, dann rufen Sie mit dem Hinweis »Kalkfraß« umgehend einen Reparaturdienst.
- Verwenden Sie zu viel Waschmittel, so ist das nicht nur Verschwendung, sondern das Wasser kann auch überschäumen und die Wäsche in der Maschine wird nicht richtig gespült.
- Gehen Sie nach der auf der Packung angeführten Dosiertabelle vor, nehmen Sie für jede Beladung die richtige Menge.

Die Dosiertabelle

Auf jeder Packung Ariel – ganz gleich, ob Pulver, Flüssigwaschmittel oder Tabs – finden Sie genaue Hinweise auf die richtige Menge Waschmittel, immer bezogen auf eine »normale« Waschmaschine mit einem Trommelinhalt von 4,5 Kilo. Für eine Maschine mit einer 6-Kilo-Trommel müssen Sie anteilsmäßig mehr Waschmittel nehmen und für eine 3-Kilo-Trommel benutzen Sie weniger Waschmittel, als in der Tabelle angegeben. Sparen können Sie außerdem, wenn Sie die Trommel nicht komplett füllen oder aber mit einem Programm waschen, das weniger Wasser als normal verbraucht. Bis zu einem Drittel Waschmittel ist dann ausreichend.

Die Waschmittelmenge richtet sich außerdem nach dem Härtegrad des Wassers (den erfahren Sie beim Wasserwerk) und nach dem Verschmutzungsgrad der Wäsche.

Verschmutzung/ Wasserhärte	Leicht ...	Normal ...	Stark ...	Sehr stark ...
Waschpulver (Ariel/Color) Messbecher				
1 (weich)	$1/2$	$3/4$	$1\ 1/4$	$1\ 3/4$
2 (mittel)	$1/2$	1	$1\ 1/2$	2
3 und 4 (hart)	$1/2$	$1\ 1/4$	$1\ 3/4$	$2\ 1/4$
Flüssigwaschmittel (Ariel/Color) Dosierball				
1 und 2 (weich/mittel)	$1/2$	1	$1\ 1/2$	2
3 und 4 (hart)	$1/2$	$1\ 1/4$	$1\ 3/4$	$2\ 1/4$
Tabs (Ariel/Color) Stück				
1 (weich)	1	1	2	–
2 (mittel)	1	2	3	–
3 und 4 (hart)	1	3	3	–

👍 Klementines Extratipps 👍

Die kluge Hausfrau baut vor – deshalb:
- **Die Wäsche nach Farben, Pflegehinweisen und Verschmutzungsgrad sortieren.**
- **Genau aufs Etikett schauen! Da steht, wie der jeweilige Stoff behandelt und bei welcher Temperatur er gewaschen werden darf.**
- **Sämtliche Reißverschlüsse vor dem Waschen schließen. So klemmen sie später nicht!**

- Defekte Wäschestücke schon vor dem Waschen ausbessern. So entstehen keine weiteren Schäden.
- Alle Taschen in Hosen, Jacken, Röcken, Blusen und Hemden leeren.
- Schmutzige Textilien möglichst bald waschen. Schmutz lässt sich umso schwerer entfernen, je länger er in den Kleidungsstücken bleibt.
- Flecken vor dem Waschen entfernen oder zumindest vorbehandeln. Hier sind Ariel Flüssig oder Ariel Color Flüssig mit dem Dosierball »Fleckwegroller« ideal!
- Empfindlichere Stoffe (wie z. B. Cord) »auf links« drehen oder in einen Kissenbezug stecken und so waschen.
- Eine Vorwäsche ist meist nicht nötig.
- Die Trommel so weit wie möglich füllen. Allerdings niemals so voll, dass die Textilien sich nicht mehr bewegen können! Faustregel: Vom oberen Rand der eingefüllten Wäsche bis zum Beginn der Trommel oben sollte eine Handbreit »Luft« sein.
- Auf die Wasserhärte achten! Sie ist wichtig für die Dosierung des Waschmittels.
- Genau dosieren, niemals nach Augenmaß! Ein Dosierbecher oder der Ariel Dosierball helfen dabei.
- Die Waschtemperatur nach der empfindlichsten Faser in einem Kleidungsstück ausrichten.

Vorbereitung auf den ersten eigenen Waschtag

Ist »Hotel Mama« wegen Urlaub geschlossen? Befindet sich Ihre Partnerin im Putz- und Waschstreik? Ist Ihnen Ihre Haushälterin davongelaufen? Gründe, um sich das erste Mal selbst in den Waschtag zu stürzen, gibt es leider immer mehr.
Aber Vorsicht! Damit Sie das erste Mal richtig genießen können und nicht versehentlich in die Trommel fallen, sollten Sie bei den Vorbereitungen Ihres Waschtags nach einer bestimmten Strategie vorgehen.

Schritt eins: Woran erkenne ich, dass es höchste Zeit zum Waschen ist?
1. Reinhold Messner hat sich bei Ihnen angekündigt, weil er Ihre Wäscheberge besteigen will.
2. Sie wundern sich, warum Sie auf einmal so viele schwarze Klamotten haben.
3. Alle Motten in Ihrem Kleiderschrank sind verhungert.

Schritt zwei: Womit wasche ich?
Mit Wasser und Waschmittel. Letzteres gibt es im Supermarkt oder in der Drogerie. Falls Sie Ihr Geld lieber für andere Dinge ausgeben oder die Haushaltskasse knapp ist, können Sie auch Seife nehmen. Oder, wie schon die alten Gallier, Ihr Waschmittel selbst herstellen: Dazu brauchen Sie einen Liter Öl (nicht von der Tankstelle!) und fünfeinhalb Liter Pottasche (entsteht durch Auslaugen von Pflanzen- und Holzasche und gibt es nicht nur im Ruhrgebiet). Nach näheren Einzelheiten fragen Sie Ihren alten Chemielehrer.

Schritt drei: Woran erkenne ich eine Waschmaschine? Zugegeben, keine ganz leichte Frage angesichts der vielen Hightechgeräte, die inzwischen in jedem Haushalt stehen. Deshalb sollten Sie zwei besondere Merkmale beachten, die in der Regel jede Waschmaschine besitzt:

1. Farbe weiß. Achtung, wenn Sie beim Öffnen der Tür eine Flasche Bier sehen, haben Sie wahrscheinlich den Kühlschrank entdeckt.
2. Mehrere Tasten und Kontroll-Lämpchen im Frontbereich. Drücken Sie einen x-beliebigen Knopf und es ertönt die Erkennungsmelodie der »Lindenstraße«, ist es der Videorecorder.

2.
Während des Waschens

Kommen wir endlich zur Sache – zum Waschen nämlich. Die Vorarbeiten haben Sie ja schon erledigt: Ihre Wäsche ist sortiert. Sie haben alle Hinweise auf den Etiketten gelesen und danach auch die richtige Menge Waschmittel in die Maschine gegeben. Auch den richtigen Waschgang haben Sie gewählt. Und nun? Da war doch noch etwas …

Ach ja, Sie wollten wissen, wie's eigentlich mit der Umwelt steht, wenn Sie Ihre Waschmaschine jetzt anstellen. Und während die Waschmaschine läuft, sollten wir uns darüber ein paar Gedanken machen …

Um es ganz klar zu sagen: Umweltschützend waschen – das geht nicht. Das ging nicht mal zu Zeiten der fröhlichen Waschfrauen, als die Wäsche der Herrschaft an Bächen und Flüssen gewaschen wurde. Spätestens als die Seife erfunden wurde, war es mit der Umweltfreundlichkeit vorbei. Denn mit dem Schmutz wurden jetzt eben auch Waschmittelrückstände ins Wasser gespült. Das geschieht nunmehr seit etwa 4500 Jahren. Aus Mesopotamien ist auf einer Tonschiefertafel ein sumerisches Seifenrezept überliefert worden. In Keilschrift stand dort schon etwa 2500 Jahre vor unserer Zeitrechnung geschrieben, dass man aus einem Liter Öl und der fünfeinhalbfachen Menge Pottasche Seife herstellen könne. Zur selben Zeit wuschen die Hethiter zwar nicht unbedingt ihre Wäsche, aber ihre Hände mit der in Wasser gelösten Asche des Seifenkrauts. Und im alten Ägypten kannte man bereits die Verwendung von Soda als waschwirksames Mittel. Seit 600 v. Chr. ist bekannt, dass Seife aus einer Mischung von Soda und tierischen Fetten bzw. pflanzlichen Ölen fabriziert werden kann. Die alten Germanen kannten eine Seife, die aus der Asche von Seetang gemacht wurde; die war auch bei den Römern durchaus beliebt, und zwar neben dem dort üblichen Reinigungsmittel – Urin. Dieser enthält nämlich alkalischen Ammoniak, ein probates Reinigungsmittel. Die

Wäscher des Römischen Reiches wurden mit dieser einfachen und naturgemäß sehr preiswerten Methode so wohlhabend, dass Kaiser Vespasian (39–83 n. Chr.) ihnen sogar die Steuern erhöhen wollte. Wie immer in solchen Fällen – das ist bei uns heute ja nicht anders! – gab es lautstarke Proteste gegen diesen unerwünschten Griff des Staates ins private Portemonnaie. Kaiser Vespasian gab nach und prägte einen Spruch, den wir noch heute kennen: »Pecunia non olet« – zu Deutsch »Geld stinkt nicht«.

Von den Seifenversuchen der Sumerer, Hethiter, Ägypter, Germanen und Römer ist's natürlich noch ein weiter Weg bis zu unseren modernen Waschmitteln. Man darf auch nicht vergessen, dass man im Mittelalter zwar Badehäuser hatte, in denen sich Männlein wie Weiblein vergnügten. Doch danach geriet der Wunsch nach Sauberkeit – des eigenen Körpers und der Kleidung – in Vergessenheit. Erst zu Beginn des 19. Jahrhunderts wurden Waschen und Reinigen der Kleidung wieder modern. Die Seifensiedereien konnten der Nachfrage kaum mehr Herr werden. Seife musste industriell und in großen Mengen hergestellt werden. Vor etwa 100 Jahren kamen die ersten Vollwaschmittel auf den Markt. Bereits seit Ende der zwanziger Jahre gibt es Feinwaschmittel.

Weil mittlerweile in den meisten Haushalten eine Waschmaschine steht, führt das zu unappetitlichen Schaumbergen auf Flüssen und Seen. Viele Hausfrauen sind leider immer noch der Ansicht, nur was gut schäumt, reinigt auch gut. Dass dies ein Fehler ist, erkannte man von Seiten der Industrie schon in den 60er Jahren: Die stark umweltgefährdenden und schäumenden Wirkstoffe wurden durch biologisch besser abbaubare Stoffe ersetzt. Heute gibt es freiwillige Initiativen der Waschmittelhersteller, um die umweltgefährdenden Stoffe so weit wie nur möglich zu reduzieren.

Was Waschmittel enthalten

Alle Waschmittel haben zunächst einmal dieselbe Wirkung: Sie setzen die Oberflächenspannung des Wassers herab und lösen Fette auf. Natürlich können sie noch viel mehr. Das besorgen bestimmte Stoffe, die eben nicht nur »Reinigungsfunktion« haben. Welche dieser Stoffe in Waschmitteln enthalten sein können, sehen Sie hier:

Inhaltsstoff	Wirkung bei der Wäsche
»Komplexbildner« früher Phosphate (Einsatz stark limitiert), heute Ersatzstoffe, z. B. Zeolith A	enthärten das Wasser, verhindern Ablagerung von Kalk auf Wäsche und Heizstäben, dadurch bleiben gelöste Schmutzpartikel in der Schwebe und setzen sich nicht mehr auf der Wäsche ab
Tenside als waschaktive Stoffe	entspannen die Wasseroberfläche, lösen den Schmutz und verhindern, dass er sich wieder auf der Wäsche ablagert
Bleichmittel	wirken erst ab 60 °C, volle Wirkung sogar erst ab 80 °C, bleichen Flecken aus
Bleichmittelaktivatoren	werden zugesetzt, wenn Bleichmittel bereits bei 60 °C wirken sollen
Enzyme (auch: Fermente), seit langem bekannt, z. B. Gallseife	nur bis 60 °C wirksam, greifen Eiweiß- und Stärkeschmutz an
Schauminhibitoren	vermindern übermäßige Schaumbildung in der Waschmaschine
Vergrauungsinhibitoren	verhindern die erneute Ablagerung des Schmutzes auf der Wäsche
Farbstoffe	ästhetische Gründe
Duftstoffe	sollen den Waschlaugengeruch überdecken
Stellmittel (Gerüststoffe, Füllstoffe)	verbessern die Rieselfähigkeit des Waschpulvers, vergrößern Volumen und Gewicht

Optische Aufheller	machen ultraviolettes Licht sichtbar und lassen alles noch weißer wirken
Korrosionsinhibitoren	verhindern das Rosten der Waschmaschine

Jeder Waschgang belastet die Umwelt
Pro Jahr werden in Deutschlands Haushalten zwischen 650 000 und 700 000 Tonnen Waschmittel verbraucht. Das sind fast acht Kilogramm pro Kopf (Quelle: Umweltbundesamt). Durch zu viel Waschmittel oder eine zu geringe Beladung der Maschinen werden außerdem häufig noch Energie und Wasser verschwendet. Wie man die Umweltbelastungen durch Waschen erheblich verringern und dabei noch Geld sparen kann, zeigt das kostenlose Faltblatt des Umweltbundesamtes »Umweltbewusst waschen – Umwelt weniger belasten«.

- Die Grundregel für umweltschonendes Waschen lautet: Wer weniger Waschmittel verbraucht und die Waschmittel wohl überlegt verwendet, schont die Umwelt. Durch umweltbewusstes Waschen wird nicht nur die Umwelt, sondern auch der Geldbeutel entlastet.
- Durchschnittlich gibt ein Haushalt in Deutschland pro Jahr 199 Euro für das Waschen aus.
- Bei einem Haushalt, der beim Waschen nicht auf die Art und Dosierung der Waschmittel sowie auf den Energie- und Wasserverbrauch achtet, können es dagegen 327 Euro sein.
- In einem Haushalt, der umweltschonend wäscht, sind es jährlich jedoch lediglich 97 Euro.

Was Sie selbst tun können, um die Umwelt zu schonen

Die Statistik besagt, dass durchschnittlich 3,7-mal pro Woche in deutschen Haushalten die Waschmaschine in Betrieb genommen wird. Auf alle Fälle wird eine Familie mit Kleinkindern öfter Schmutzwäsche haben als ein Single-Haushalt. Dennoch können Sie etwas dafür tun, die Umwelt weniger zu belasten:

- Gewöhnen Sie sich an, Ihre Maschine wirklich nur dann laufen zu lassen, wenn sie voll ist. Rechnen Sie einmal nach: Eine (statistische) Wäsche pro Woche weniger erspart fast ein Viertel an Waschmittel, Wasser und Energie! Umso schlimmer, wenn Sie die Maschine dann mit nur ein paar Kleidungsstücken oder nur halb voll anstellen.
- Achten Sie schon beim Waschmittelkauf auf umweltschonende Produkte! Besser als die so genannten »Jumbopakete« mit zehn Kilo Waschpulver sind Kompaktwaschmittel (Superkonzentrate) im Tandemsystem. Tandem bedeutet, Sie verwenden eine Kombination aus Voll- und Colorwaschmittel, die dem Verhältnis von Weiß- und Buntwäsche in Ihrem Haushalt entspricht. Greifen Sie also zu Ariel und Ariel Color – als Kompaktmittel, Flüssigwaschmittel oder Tabs.
- Kompaktwaschmittel sind ergiebiger als herkömmlich dosierte Waschmittel und belasten die Umwelt weniger mit Chemikalien.
- 60 Grad Waschtemperatur genügt. Das spart Energie! Die Wäsche wird bereits bei 60 Grad oder einer geringeren Waschtemperatur sauber. Kochwäsche sollte im Haushalt die Ausnahme sein.
- Vorwäsche ist bei der hervorragenden Qualität der heutigen Waschmittel unnötig.

- ❀ Überschreiten Sie nicht die Dosierung, die auf der Waschmittelverpackung für leicht, normal oder stark verschmutzte Wäsche angegeben ist. Im Zweifelsfall ist die geringere Dosierung meist die richtige.
- ❀ Beachten Sie bei der Dosierung des Waschmittels die Wasserhärte. Davon hängt die notwendige Dosierung des Waschmittels ab. Ihre Wasserhärte erfahren Sie beim örtlichen Wasserwerk.

Das war eine Menge wichtiger Informationen. Zeit für eine kurze Pause, bevor wir mit dem Waschen fortfahren! Deshalb hier also erst einmal eine kleine Checkliste für alle, die zum ersten Mal waschen.

Die Checkliste: die allererste Wäsche mit der Maschine

1. Sie wissen, dass Sie Ihre Kleidung mal waschen sollten, wenn
- auf dem Fußboden Ihrer Wohnung/Ihres Appartements sich Kleiderberge angesammelt haben, die das Ausmaß und die Höhe eines Gebirges annehmen.
- Ihr Kollege/Ihre Kollegin am Schreibtisch gegenüber das Fenster aufreißt, sobald Sie das Büro betreten, und das auch dann, wenn draußen Minustemperaturen herrschen.
- Ihre Kreditkarte gesperrt wird, weil Sie seit Monaten ständig neue Klamotten kaufen.
- Sie in der ganzen Wohnung nichts mehr zum Anziehen finden.

2. Sie müssen nicht selbst waschen, wenn
- Sie mit der Tochter des Wäschereibesitzers verbandelt sind.

- Sie in einer Klinik arbeiten. Da ist's nämlich kein Problem, die Wäsche einfach mit abzugeben. Diese Methode hat allerdings einen kleinen Nachteil: Sie gehen stets in Weiß gekleidet.
- Sie über das nötige Kleingeld verfügen und es sich deshalb leisten können, Ihre gesamte Kleidung in die nächste Wäscherei oder Reinigung zu bringen.

3. Sie finden die Waschmaschine, wenn

- Sie sich in der Wohnung oder im Keller Ihres Wohnhauses auf die Suche begeben.
- Sie nach einem großen weißen Kasten Ausschau halten, der in etwa die Ausmaße eines Kühlschranks oder Herdes hat. Wenn Sie diese Gegenstände ebenfalls nicht kennen, sollten
- Sie sich nach einem Gegenstand umsehen, der in etwa zwischen 50 und 100 Zentimeter hoch, 50 bis 60 Zentimeter breit und ca. 70 Zentimeter tief ist und im Gegensatz zu Herd und Kühlschrank einen Wasseranschluss hat.
- Sie sich in einen Waschsalon begeben. Vorsicht! Hier können die Waschmaschinen größere Maße haben! (Siehe auch Kapitel 5)

4. Wenn Sie keine Waschmaschine in Ihrem Haushalt und im ganzen Haus finden, sollten Sie

- sich jemanden suchen, der eine Waschmaschine sein Eigen nennt. Fragen Sie bei Arbeitskollegen, Bekannten und Freunden/Freundinnen nach.
- sich eine Waschmaschine kaufen. Die gibt's in den Elektroabteilungen von Kaufhäusern oder im Elektronikmarkt auf der »grünen Wiese«. Halten Sie neben

CDs, Hi-Fi-Anlagen, PCs und Fernsehgeräten in solchen Abteilungen/Märkten nach Waschmaschinen Ausschau.
- sich in einen Waschsalon begeben (siehe dazu auch Kapitel 5).

5. Wenn Sie die Waschmaschine bedienen wollen, müssen Sie wissen, wie das geht. Dazu sollten Sie

- eine Gebrauchsanleitung haben. Die ist allerdings meist verschwunden, wenn Sie die Maschine nicht gerade erst gekauft haben.
- einen Blick auf die Waschmaschine werfen. Oft sind an der Geräte-Innenseite oder an der Waschmittel-Ladeklappe kurze Hinweise für die Bedienung zu finden.

6. Wenn Sie die Waschmaschine gefunden haben, sollten Sie alles für die große Stunde des Waschens vorbereiten. Dafür müssen Sie Ihre Wäsche

- in Stapel einteilen, und zwar so, dass jeder Stapel etwa 3 bis 5 Kilo wiegt. Dies entspricht dem Fassungsvermögen einer normalen Waschmaschinentrommel. Tipp zum Wiegen: Nehmen Sie Ihre Wäsche auf den Arm und stellen Sie sich auf die Personenwaage. Danach wiegen Sie sich nochmals ohne Wäsche. Die Differenz ergibt das Wäschegewicht!
- nach Farben sortieren, und zwar so, dass keine roten oder blauen Socken zwischen den weißen Slips und Boxershorts zu finden sind (außer natürlich, Sie stehen auf zartrosa und hellblaue Unterwäsche).
- nach Material ordnen, und zwar so, dass Sie nicht den blauen Kaschmirpullover zusammen mit der blauen Jeans in die Maschine geben. Und auch der seidene

Slip will nicht zusammen mit den kochfesten Sportsocken gewaschen werden.

7. Um ein perfektes Ergebnis zu erzielen, brauchen Sie Waschmittel. Wasser alleine reicht nicht! Deshalb eilen Sie nun bitte zum Supermarkt, und kaufen Sie
- für normale weiße Baumwollwäsche ein Vollwaschmittel wie Ariel, das es als Pulver, Flüssigwaschmittel und als Tabs gibt.
- bei farbiger Wäsche ein Colorwaschmittel, das Sie ebenfalls in der Abteilung Ariel finden, und zwar unter dem Namen Ariel Color. Auch hier können Sie zwischen Flüssigwaschmittel, Pulver und Tabs wählen und sind damit bestens gerüstet, wenn Sie viele bunte Hemden, T-Shirts und andere Kleidungsstücke besitzen. Bei denen legen Sie sicher Wert darauf, dass sie nicht nur sauber werden, sondern die leuchtenden Farben erhalten bleiben.
- bei Feinwäsche ein Feinwaschmittel, das Sie für Wolle und Seide brauchen.
- bei speziellen Fleckenproblemen neben den »normalen Waschmitteln« auch spezielle Mittel wie Acè Milde Bleiche zum Entfernen von Flecken.

8. Jetzt sind Sie bereit und können mit dem Waschvorgang beginnen. Dazu
- kontrollieren Sie nochmals den Stapel »Weißes«. Das kann man nicht oft genug tun, wenn man vermeiden möchte, nur noch rosa bzw. hellblaue Kleidungsstücke zu besitzen. Ausreden wie »Ich gehe eben mit der Mode« werden nur in extremen Ausnahmefällen geglaubt!
- messen Sie die entsprechende Menge Waschmittel ab.

Genauere Informationen dazu finden Sie auf der Packung. Und auch Hinweise, wie viel Sie für entsprechend verschmutzte Wäsche brauchen.
- geben Sie das Waschmittel in die entsprechende Schublade an der Waschmaschine. Manchmal allerdings kommt das Mittel direkt in die Trommel. Auch das steht auf der Packung!
- wählen Sie das Waschprogramm. Dazu haben Sie entweder die Bedienungsanleitung gelesen, die Kurz-Info auf der Maschine gefunden, jemanden gefragt oder aber sich in diesem Buch informiert.
- folgen Sie dem Wasserschlauch. Drehen Sie den dort vorhandenen Wasserhahn auf. Wundern Sie sich nicht, wenn nicht sofort Wasserrauschen zu hören ist. Das Wasser fließt erst dann, wenn die Maschine eingeschaltet ist.
- drücken Sie auf den Startknopf. Jetzt können Sie sich endlich zurücklehnen und die Waschmaschine arbeiten lassen. Wasserplätschern und die Bewegung der Trommel sollten zu hören sein. Sie haben jetzt erst einmal Pause!

Damit die Wäsche kuschelweich wird

So ein Wäschestück hat's nicht leicht. Es wird getragen, schmutzig gemacht und dann einfach in die Waschmaschine gesteckt. In der Maschine aber geht es ganz schön zur Sache! Pro Waschgang dreht sich die Trommel etwa 15 000-mal (einschließlich der Schleudergänge). Das ist ungefähr so, als würden Sie einen ganzen Tag lang ununterbrochen in der Achterbahn oder im Looping fahren …

Wie würden Sie sich dann fühlen?! Kein Wunder also, dass auch die Textilfasern eines Kleidungsstücks sich durchgedreht vorkommen, wenn sie in der Waschmaschine herumwirbeln. Die Fasern verschlingen sich, sie liegen nicht mehr »ordentlich«, sondern verzwirbelt. Und wie entzwirbelt man nun das Ganze?

◆ Heute – wie schon zu Omas Zeiten – wird die Wäsche auf der Leine getrocknet, falls Sie einen Garten oder eine große Terrasse haben. Die ständige Bewegung durch den Wind sorgt dafür, dass die Fasern wieder in ihre »normale« Lage kommen.

◆ Trocknen Sie Ihre Wäsche jedoch in der Wohnung oder in einem Wäscheraum, fehlt diese intensive Luftzirkulation. Die Fasern bleiben demzufolge verschlungen. Zusätzlich kristallisiert Kalk auf den Fasern aus, verhärtet diese und die Wäsche wird steif. Weichspüler können dies zum Großteil verhindern.

◆ Beim Trocknen in einem Wäschetrockner werden die Fasern zwar geglättet, aber es kommt (vor allem bei Kunstfasern) zu elektrostatischer Aufladung. Das merken Sie dann daran, dass der Stoff knistert, das Kleidungsstück Ihnen beim Anziehen kleine elektrische Schläge versetzt oder beim Tragen auf der Haut klebt. Das können Sie vermeiden, wenn Sie ein Weichpflegetuch in den Wäschetrockner geben.

Die herkömmlichen Weichspüler werden heute durch einen neuen Trend ergänzt: Textilconditioner (siehe dazu unten mehr).

Was Weichspüler können

◆ Weichspüler helfen, die Fasern zu glätten. Man kann sie grundsätzlich für alle waschbaren Textilien einsetzen. In speziellen Fällen, wie z. B. bei Textilien mit Klimamem-

branen, raten die Hersteller allerdings auf dem Pflegeetikett davon ab, Weichspüler zu verwenden. Diese Hinweise sollten Sie stets beachten.
- Weichspüler sorgen dafür, dass die Farben bei neuen Textilien erhalten bleiben. Deshalb sollten Sie bei der ersten Wäsche Weichspüler verwenden. Lenor z. B. bietet einen zusätzlichen Farbschutz. Dadurch werden Farbmoleküle auf der Faser geschützt und fixiert. Die Wäsche wird beim Tragen und beim nächsten Waschgang geschützt und sieht somit länger wie neu aus, ohne dabei die Reinigungsleistung von Waschmitteln zu beeinträchtigen.
- Weichspüler bauen sich nicht – auch wenn viele das glauben – mit der Zeit auf den Fasern auf. Sie werden bei jeder Wäsche wieder entfernt.
- Weichspüler wie Lenor erleichtern das Bügeln. Sie sorgen nämlich dafür, dass die Wäsche weniger knittert.
- Weichspüler haben keinerlei Reinigungswirkung. Die Wäsche sollte bereits sauber sein, wenn sie weich gespült wird.
- Ob ein Kleidungsstück mit Weichspüler behandelt werden darf, zeigt manchmal ein bestimmtes Symbol auf dem Etikett für Pflegehinweise an: ein Waschzuber (siehe Kapitel 1) mit einem stilisierten Blümchen.

Was sind Textilconditioner?

Vielleicht kennen Sie den Begriff »Conditioner« aus der Kosmetik, z. B. bei der Haarpflege. Conditioner sind Spülungen, die das Haar nach der Wäsche kräftigen und pflegen sollen. Nichts anderes tut ein Textilconditioner. Er ist sozusagen eine Weiterentwicklung herkömmlicher Weichspüler. Denn während diese die Textilfaser nach der

Wäsche vor allem glätten, dringt ein Textilconditioner wie Downy tief in das Gewebe ein und sorgt so dafür, dass es beim Waschgang (Sie erinnern sich – 15 000 Umdrehungen – Stress für jedes Gewebe!) zu einer äußerst geringen Faltenbildung kommt. Weniger Falten, das bedeutet weniger bügeln! Und das macht Ihnen natürlich das Bügeln wesentlich leichter und angenehmer. Manchmal können Sie sich diese Arbeit sogar komplett ersparen.

Was Textilconditioner können

- Sie ersetzen die herkömmlichen Weichspüler, denn auch sie machen die Wäsche weich. Das Tolle bei Textilconditionern jedoch ist, dass die Fähigkeit der Textilien, Wasser aufzunehmen, erhalten bleibt: Ihre Frotteetücher werden zwar kuschelweich, behalten aber nach wie vor ihre volle Saugkraft.
- Sie verbessern das Hautklima. Denn Textilconditioner erhalten der Wäsche und Kleidung die Fähigkeit, Wärme und Schweiß von der Haut abzutransportieren. Weil die Wäsche zudem viel weicher ist, reibt der Stoff weniger auf der Haut. Das ist wichtig! Denn wenn die Kleidung stark reibt oder nicht in der Lage ist, überschüssige Feuchtigkeit und Wärme abzuführen, entsteht ein schlechtes Hautklima.
- Sie verleihen Ihrer Wäsche frischen Duft. Beim Sport dürfen Sie also ruhig schwitzen, müssen aber nicht ständig mit Deo nachsprühen, um unangenehme Gerüche zu vermeiden und Ihre sozialen Kontakte aufrechtzuerhalten. Ihre Kleidung riecht frisch, zumindest so lange, bis Sie den nächsten Marathonlauf hinter sich haben. Lenor Downy gibt es in den Duftvarianten »Active fresh« und »Relaxing fresh«. Das eine wirkt vitalisierend, das andere warm und beruhigend.

- Sie schützen Ihre Kleidungsstücke besser und sichtbar vor Abnutzung. Die Form bleibt erhalten, die Farben strahlen länger frisch und bunt. Ihre Wäsche sieht länger aus wie neu. Lenor Downy ist deshalb auch ideal für empfindliche Naturfasern wie Wolle oder Seide.
- Sie sind für alle Textilien verwendbar, für die Sie bisher einen Weichspüler benutzt haben. Textilconditioner können für alle waschbaren Textilien benutzt werden, bei denen der Hersteller auf dem Pflegeetikett die Anwendung eines Weichspülers nicht ausdrücklich ausschließt.

Frisch gestärkte Wäsche

Oma hatte es früher schwer, schrieb doch die Mode vor, dass Rüschen, Volants und Spitzen der Damenwäsche gestärkt werden mussten, um voll zur Geltung zu kommen. Nur dann raschelte es verführerisch unterm Rock. Auch die Herren waren sehr darauf bedacht, dass Kragen und Manschetten ihrer Hemden ordentlich gestärkt waren. Das verlieh ihnen ein adrettes Aussehen und wirkte außerdem schmutzabweisend. Heute ist Stärke im normalen Waschmittel enthalten. Man stärkt heute kaum noch »extra«. Außerdem ist diese Art der Wäschebehandlung fast unnötig geworden, weil die Wäschestücke oder Teile davon bereits bei der Herstellung »auf Dauerform« präpariert werden. Damals jedoch gab es verschiedene Stärke-Methoden: Man stärkte kalt (»roh«) oder warm oder praktizierte sogar die »Doppelstärke« (also beide Arten nacheinander). Dazu verwendete man Weizen-, Mais-, Reis- oder Kartoffelstärke. Auch heute noch bestehen Steifen und Appreturen meist aus natürlichen oder modifizierten Stärken. Man kann sie – bei Bedarf – bedenkenlos verwenden. Auf manchen Etiketten steht ein Pflegehinweis, ob Sie die Textilien stärken dürfen. Achten Sie dann auf den kleinen Waschzuber (siehe Kapitel 1), in dem ein paar senkrechte Striche angebracht sind, die bedeuten, dass Appretieren erlaubt ist!

Welche Stärkemittel es gibt

Stärke bzw. so genannte Appreturmittel glätten die Oberfläche und geben dem Textilgewebe Festigkeit. Das kann manchmal recht nützlich sein: damit z. B. Servietten, Tischdecken oder Zierdeckchen Form und Halt bekommen. Und Sie sich – wenn Sie eine große Festtafel eindecken – beim Falten origineller Serviettenformen nicht extra anstrengen müssen.

- Formspüler werden einfach in den letzten Spülgang gegeben. Wer seine Wäsche damit behandelt, muss sich beim Bügeln nicht mehr so anstrengen. Formspüler sind gut auswaschbar, Farben bleiben besser erhalten und Weißes vergraut weniger schnell.
- Feinappretur ist kalt löslich und auch deshalb für alle Textilien geeignet. Sie löst sich im Wasser, ohne Rückstände zu hinterlassen. Die Stoffe werden nicht steif, sondern einfach nur sehr griffig.
- Sprühstärke ist gebrauchsfertig und wird einfach vor dem Bügeln auf den Stoff gesprüht. Damit behandeln Sie vor allem Leinen, Baumwolle und Viskose. Sprühstärke wirkt nur beim Bügeln.
- Dauerappretur besteht aus Kunstharzen, die in sehr feiner Form in Flüssigkeit verteilt sind. Während des Steifens dringen diese in das Gewebe ein und schmelzen beim Bügeln zu einem Film. Der steift und übersteht auch ein paar Waschgänge.

Stärken zu Omas Zeiten

In dem Buch »Anleitungen zu den häuslichen Geschäften« wird genau beschrieben, wie man früher seine Wäsche stärkte. Das Werk erschien 1899 in Graz bereits in siebenter Auflage. Darin heißt es: »Zum Stärken (Steifen) der großen Wäsche nimmt man zwar gewöhnlich Kartoffelstärke, weil Reis- und Weizenstärke zu hoch (= teuer) kommt; letztere ist jedoch die beste, da sie schön weiß bleibt und sich beim Bügeln nicht an das Eisen klebt.«

Die Stärke wurde stets selbst hergestellt (siehe unten). Die noch feuchten Wäschestücke wurden nacheinander eingetaucht, solange die Stärke noch warm war; sie drang so besser ins Gewebe ein. Um der Wäsche Glanz zu verleihen, gab man sogar etwas weißes Wachs dazu.

Omas Stärketipps

- Gestärkte Wäsche sollte man stets in warmem Wasser einweichen, damit sich die alte Stärke löst.
- In der Maschine lässt sich Wäsche wie folgt stärken: Man koche zwei Teelöffel Kartoffelmehl in einem Liter Wasser auf und gebe diese Lösung zum letzten Spülwasser.
- Mischt man unter die Stärke weißes Terpentin, sieht die gestärkte Wäsche besser aus, und beim Bügeln klebt nichts fest.
- Gewaschener Taft wird wieder steif, wenn dem letzten Spülwasser zwei Blatt Gelatine zugesetzt werden.
- Bunte Wäsche darf nicht heiß gestärkt werden, da die Farbe sonst ausläuft.
- Zum Wäschestärken genügt statt teurer Sprühstärke flüssige Wäschestärke, die im Verhältnis 1:4 mit Wasser verdünnt wird. Diese wird mit dem Pflanzensprüher auf die Wäsche gesprayt.

- Stärke klebt nicht am Bügeleisen, wenn man sie mit etwas Salz ansetzt.
- Kragen und Manschetten von Herrenhemden oder Blusen, Tischwäsche, Vorhänge, Kindersachen usw. können vor dem Bügeln gestärkt werden.
- Beim Stärken älterer Gardinen ist es günstig, der Stärkelösung einige Blatt Gelatine beizufügen, die vorher in heißem Wasser aufgelöst wurden.

Ein altes Stärkerezept aus Österreich

»Für je 1 Liter Wasser nimmt man $1/2$ dag (das sind 5 g) Wachs und 15 dag (150 g) Stärke. Im Winter gibt man auch etwas Kochsalz in das Wasser, wodurch die Wäsche weißer wird. Man lässt die Stärke dann auf mäßiger Hitze sieden, bis sich Blasen bilden. Wenn man sie zu wenig kocht, hat sie keine Kraft; bei zu vielem Kochen wird sie wieder dünn. Darauf sprudelt man sie tüchtig, bis sie etwas abgekühlt ist, drückt sie dann durch ein Tuch von leichtem Gewebe in eine Schüssel. Wenn man die Stärke kalt verwendet oder wenn die Wäsche trocken eingestärkt wird, bekommt das Gebügelte patzige Stellen. Wenn ein Stück ganz oder teilweise (wie z. B. bei Herrenhemden, Kragen, Brust und Manschetten) eingetaucht und ausgedrückt ist, so klopft man jedes gut zwischen den Händen und hängt es zum Trocknen an einen sonnigen Ort, im Winter jedoch in eine warme Küche oder ein Zimmer, weil durch langsames Trocknen sowie durch Frieren die Stärkwäsche weich wird. Oder man schlägt die gestärkten Stücke in ein altes Leintuch, klopft sie damit und lässt sie dann in andere Tücher fest eingedreht abliegen, bis man sie am nächsten Tag bügelt. Man stärkt zuerst die feinsten oder jene Stücke, welche am meisten gesteift werden sollen, weil die Stärke durch den Gebrauch immer dünner wird. Soll jedoch etwas von feinerem Stoffe, z. B. Kragen, Manschetten oder dergleichen, sehr steif werden, so mischt man rohe Reisstärke, mit Wasser aufgelöst, zur noch warmen gekochten und taucht die bereits getrockneten Stücke nochmals ein, schlägt das Wäschestück zusammen, damit die Stärke einzieht, und wischt es dann vor dem Bügeln mit einem trockenen Tuch fest ab. Durch dieses feste Abwischen wird das Wäschestück auch zugleich schön glatt. Stücke, welche steif sein sollen, darf man auch nicht mit purem Wasser einfeuchten, wenn sie getrocknet sind, sondern man mischt dem Wasser Stärke sowie etwas Waschblau bei, bespritzt sie auf der Kehrseite, dreht sie zusammen und lässt sie gleichmäßig anziehen.«

Strahlend weiße Wäsche

Zu einer gepflegten Wäsche gehört natürlich strahlendes Weiß. Das ist jedem Kind bereits aus der Fernsehwerbung bekannt. Heute ist das auch kein Problem und keine große Arbeit mehr. Jedes Vollwaschmittel enthält neben reinigenden Wirkstoffen Bleichmittel; daneben setzt man – um den Ansprüchen der Verbraucher nach immer noch weißerer Wäsche gerecht zu werden – optische Aufheller hinzu. Das sind organische Substanzen. Sie sind in der Lage, das im einfallenden Tageslicht vorhandene unsichtbare ultraviolette Licht in sichtbares Licht umzuwandeln. Dieses wird von unserem Auge viel intensiver wahrgenommen und so sehen wir strahlend weiße Wäsche. Vollwaschmittel sind wegen der optischen Aufheller eher für Weißes geeignet und weniger für Buntwäsche. Bei farbigen Textilien erreicht man zwar zunächst – je nach Art der Färbung – eine höhere Brillanz der Farben; Pastelltöne hingegen verblassen sehr schnell. Verwenden Sie daher für Buntes eher Colorwaschmittel, dann bleichen die Farben nicht so schnell aus. Ein Blick auf die Pflegehinweise genügt, damit Sie wissen, ob Sie Textilien bleichen dürfen:

△ Ein Dreieck bedeutet: Bleichen erlaubt.

⨳ Dasselbe Dreieck, jedoch mit X durchgestrichen: Bleichen nicht erlaubt. Sie sollten bei solchen Kleidungsstücken auch Fleckensalze oder bleichende Fleckenentfernungsmittel nur mit großer Vorsicht anwenden.

△CL Die Buchstaben »CL« im Dreieck erlauben das Bleichen mit Chlor, auch wenn das heute nicht mehr üblich ist.

Heute bleicht man nicht mehr mit so starken Mitteln. Optimal ist z. B. Acè Milde Bleiche, das Sie sogar für die »ganz normale«, aber eben etwas fleckige Wäsche verwenden können.

Bleichen zu Omas Zeiten

In China und im alten Ägypten benutzte man seit etwa 5000 v. Chr. Schwefel als Bleichmittel. Unseren Großmüttern dagegen diente das Sonnenlicht zum Bleichen. Durch die Sonneneinstrahlung entsteht aus Wasser und Luft eine geringe Menge Wasserstoffperoxid, ein Bleichmittel, das bleichenden Sauerstoff abgibt, der für strahlend weiße Wäsche sorgt. Das Bleichen war mühsam und langwierig: Die sauber gewaschenen Wäschestücke wurden unausgewrungen mit dem darin haftenden Seifenwasser auf eine Wiese gelegt. Die Rasenfläche durfte weder vor kurzem gemäht worden sein noch zu hohes Gras haben. Die Wäsche musste regelmäßig mit Wasser befeuchtet werden. Dabei schaute man eifersüchtig auf die Wäschestücke der Nachbarin und »Konkurrentin«. Hatte da etwa jemand mehr und bessere Wäsche als man selbst? Oder war ihre Wäsche weißer gewaschen und gebleicht als die eigene? Und noch ein Problem gab es beim Bleichen in freier Natur: Über die ausgelegten Wäschestücke liefen nicht selten Hühner oder Gänse und machten die ganze Mühe zunichte. Deshalb musste man die Wäsche bewachen. Im Winter übrigens nutzte man den Schnee statt der Sonne. Das Gefrieren der Wäsche auf reinem Schnee und auf der Leine hat ebenfalls bleichende Wirkung.

Kennen Sie noch Wäscheblau?

Viele Hausfrauen bedienten sich nicht nur des Sonnenlichts oder kalter Witterung, sondern nutzten eine andere Art des Bleichens. Beim letzten Spülen der Wäsche gab man etwas Waschblau (= blauer Farbstoff, Ultramarin genannt) ins Wasser. Das ließ die hineingetauchte und anschließend gleich wieder herausgezogene Wäsche schön weiß werden. Blau hebt als Komplementärfarbe von Gelb – wie die modernen optischen Aufheller – den gelblichen Farbeindruck auf. Es lässt die Wäsche weiß erscheinen, was sie in Wirklichkeit aber nicht ist. Früher war es üblich, die Wäsche zu bläuen. Man benutzte neben dem Wäscheblau auch blaue Tinte. Gewebe wie Leinen oder Damast wurden unter Anwendung sehr verdünnter blauer oder violetter Farbe weiß gefärbt. So wurde der »Gilb« vertrieben. Man konnte im Kolonialwarenhandel Saturn-Waschblaupapier kaufen: einen Umschlag mit dunkelblau beschichteten Papierblättern in Postkartengröße, die ins letzte Spülwasser der Weißwäsche getaucht wurden.

Omas Tipps für weiße Kochwäsche

- Füllen Sie einen Leinenbeutel mit Eierschalen und verschließen Sie ihn fest. Kochen Sie diesen Beutel in der Waschmaschine mit und Ihre Wäsche wird fabelhaft weiß.
- Geben Sie in die Waschmaschine ein Päckchen Backpulver. Ist die Maschine sehr gut gefüllt, sollten Sie besser zwei Päckchen verwenden.
- Kochen Sie beim Waschen ein paar Zitronenscheiben mit, so wird die Wäsche ebenfalls weiß und außerdem entfleckt. Das gilt besonders für weiße Baumwollsöckchen.
- Legen Sie vergilbte Wäsche über Nacht in saure Milch, dann waschen Sie wie üblich. Sie wird strahlend weiß.
- Hängen Sie weiße Teile aus Leinengemisch nicht an die Sonne. Durch die Fasern, die nicht aus Leinen sind, besteht Vergilbungsgefahr!
- Baumwolltaschentücher und -servietten, die selbst in der Kochwäsche nicht mehr richtig weiß werden, weicht man einen Tag in Salzwasser ein.

Immer noch ein Thema: die Handwäsche

Als endlich die Waschmaschine erfunden war, verloren die berühmt-berüchtigten Waschtage viel von ihrem Schrecken. Nur die Handwäsche war noch geblieben. Sollten Sie aber inzwischen eine Waschmaschine mit Feinwaschgang (wird auch Schonwaschgang genannt) besitzen, können Sie es sich einfach machen. Damit können Sie normalerweise all jene Dinge waschen, die Ihnen wert und teuer sind.

Wenn Sie jedoch besonders vorsichtig sein wollen, werden Sie die edelsten Stücke Ihrer Garderobe nicht in die Waschmaschine stecken, sondern »per Hand« waschen (oder in die Reinigung geben, aber davon später mehr!).

Und so gehen Sie bei der Handwäsche vor:
- Sie nehmen reichlich handwarmes Wasser.
- Sie lösen das Feinwaschmittel im Wasser gut auf.
- Sie waschen die einzelnen Stücke zügig und vorsichtig durch, reiben und drücken dabei nicht zu stark.
- Sie spülen mit reichlich handwarmem Wasser nach.
- Sie geben keinen Weichspüler zu.
- Sie drücken das Wasser vorsichtig aus.
- Sie schlagen die Kleidungsstücke in ein Frotteetuch ein und drücken sie nochmals aus.
- Sie hängen die Sachen nicht auf die Leine, sondern lassen sie liegend trocknen.

Bei der Waschmaschine können Sie die Temperatur einstellen, bei der Handwäsche hingegen verlässt man sich oft auf die eigene Empfindung. Doch das kann ins Auge gehen. Beachten Sie deshalb:
- 30 °C fühlt sich auch für die Hand noch kalt an.
- 40 °C empfindet man als angenehm warm.
- In 50 °C warmes Wasser kann man die Hand gerade noch hineintauchen.

In die Handwäsche kommen vor allem Stücke, die aus besonders empfindlichem Material hergestellt sind. Dazu gehören Natur- und Kunstfasern.

Die Pflege von Naturfasern

Diese Stofffasern kommen aus der Pflanzen-, Tier- und Mineralwelt und werden mechanisch verarbeitet, ohne dass dabei die Struktur verändert wird.

Wolle

stammt vom Fell verschiedener Tiere, meist Schafe, Ziegen (Kaschmir, Mohair), Kaninchen (Angora), Kamele und Lamas (Alpaka), und ist die meistverbreitete Faser aus der Tierwelt. Ihre Eigenschaften sind vielfältig: Wolle ist elastisch und strapazierfähig, hat eine gute Wärmeregulierung und saugt Feuchtigkeit auf. Sie läuft ein, wenn sie zu warm gewaschen wird, verformt sich beim Aufhängen und verfilzt mit der Zeit.

Pflegetipps für Wolle

Wolle ist nicht so vorsichtig und schwer zu reinigen, wie man oft annimmt. Schauen Sie immer zuerst auf die Pflegehinweise. Hier sehen Sie, ob Ihr Stück in die Reinigung muss, ob Handwäsche erforderlich ist oder ob Sie es sogar in die Waschmaschine geben können. Damit Ihre Lieblingsstücke nach der Wäsche nicht wie »frisch vom Schaf« aussehen, hier einige Pflegetricks:

- Generell gilt: Weniger ist mehr. Wollsachen tut zu häufiges Waschen nicht gut. Und wenn, dann ist ihnen meist Handwäsche lieber als das Herumwirbeln in der Maschine, selbst im Schongang.
- Verwenden Sie für Wolle immer ein spezielles Wollwaschmittel, egal, ob Sie mit der Maschine oder von Hand waschen. Solche Waschmittel sind speziell auf die Erfordernisse von Wolle abgestimmt. Andere können der Struktur der Wolle schaden.
- Waschen Sie Ihre Wollsachen immer von links. Das schont die Außenseite.
- Verwenden Sie für dunkle Textilien Flüssigwaschmittel, da sie durch Waschpulverrückstände grau werden können.
- Verzichten Sie auf Weichspüler, denn er glättet die Faseroberfläche der Wolle. Die Fasern können sich dann

nicht mehr so gut untereinander einhaken, und bei Garnen mit Superwash-Ausrüstung (waschmaschinenfest) verliert die Faser durch Weichspüler jegliche Elastizität. Ihr einst so schicker, eng anliegender Pulli wird dadurch weit und schlabbert nur noch an Ihnen herum.

- Lassen Sie Ihre Wollsachen nie einweichen oder nach dem Waschen lange in der Nässe liegen. Legen Sie sie immer möglichst sofort nach dem Waschvorgang zum Trocknen aus.
- Für Maschinenwäsche gilt: Wählen Sie stets das spezielle Wollprogramm, sonst den Schonwaschgang bei max. 30 Grad. Füllen Sie die Trommel nur halb und geben Sie keinen Weichspüler zu. Wolle darf – wenn überhaupt! – nur kurz- oder schongeschleudert werden. Auch in der Maschine gewaschene Wollsachen werden liegend getrocknet!
- Ist ein Wollpulli mit Perlen und/oder Pailletten verziert, dann ist besondere Vorsicht geboten! Auf keinen Fall in der Maschine waschen oder schleudern. Die Perlen können beschädigt werden und zerbrechen, bei Pailletten kann die Beschichtung abblättern und es bleiben unansehnliche Plastikblättchen zurück. Deshalb sollten so verzierte Teile grundsätzlich von Hand, am besten von links, gewaschen werden.
- Vermeiden Sie jegliches Schleudern und Wringen. Drücken Sie alles nur vorsichtig aus, am besten in einem Frotteetuch, und lassen Sie die Teile liegend trocknen. Auf keinen Fall bügeln!
- Angora- und Mohairpullover brauchen schonende Behandlung. Am besten wäscht man sie mit einem milden Haarshampoo in kaltem bis lauwarmem Wasser.
- Ist ein Pullover noch nicht schmutzig, aber auch nicht mehr ganz frisch, können Sie leicht Abhilfe schaffen. Hängen Sie ihn einfach über Nacht auf einem Form-

bügel an die frische Luft oder während Sie duschen ins Bad. In der Luftfeuchtigkeit kann die Wolle atmen und regeneriert sich auf diese Weise von selbst. Gerüche und Knitterfalten verschwinden und Ihr Pullover ist ohne viel Aufwand wieder frisch. Auch ansonsten lieben Wollpullover solche »Atempausen« mehr als eine Handwäsche.

Omas Tipps für die Wollwäsche
- Stecken Sie stark fusselnde Kleidungsstücke in einen Polsterüberzug, so kann man sie ohne Bedenken mit der anderen Wäsche in die Waschmaschine geben.
- Bei verfilzten Wollsachen verwenden Sie handwarmen Bohnensud. Die Wollstücke eine Stunde darin liegen lassen und alles wird wieder wie neu.
- Wollhandschuhe werden »wasserfest«, wenn man sie für eine Stunde in essigsaure Tonerde legt.

Baumwolle

wird aus den Samenhaaren der Früchte der Baumwollpflanze gewonnen. Seit dem 13. Jahrhundert wird sie nach Europa exportiert. Baumwolle ist die meistverbreitete Faser auf der Welt. Baumwolle ist luftig, leicht, elastisch und widerstandsfähig. Beim Waschen läuft sie ein und die Farben verblassen, wenn der Stoff zu heiß gewaschen wird.

Pflegetipps für Baumwolle
Baumwolle ist pflegeleicht, denn sie kann sowohl mit der Hand als auch in der Waschmaschine gewaschen werden. Helle Farben vertragen auch hohe Temperaturen, während kräftige und aufgedruckte Farben nicht heißer als 60 Grad gewaschen werden dürfen.

- Gegen Flecken sollte noch vor dem Waschen ein entsprechendes Mittel verwendet werden oder man weicht das Kleidungsstück ein.
- Baumwollpullover leiern beim Waschen oft aus. Waschen Sie solche Stücke in einem zugeknöpften Kissenbezug.

Omas Tipps für Buntwäsche

- Sonnenbestrahlung und häufiges Waschen lassen Textilfarben leicht ausbleichen. Sie werden wieder wie neu und damit frisch und kräftig, wenn Sie ins letzte Spülwasser etwas klaren Essig geben.
- Bunte Wäsche sollten Sie niemals stärken: Die Farbe kann sonst »ausgehen«.
- Bei der Handwäsche bunter Sachen ist klarer Essig besonders wichtig. Er neutralisiert die Wäsche, die Farben werden aufgefrischt.
- Bunte Wäsche bleibt farbenfroh, wenn Sie dem Spülwasser etwas Zucker beifügen.

Leinen

wird aus dem Stängel der Flachspflanze gewonnen. Es ist die älteste und edelste Naturfaser. Schon vor 8000 Jahren wurde in Ägypten feines Leinen hergestellt. Seit der Antike und während des Römischen Reiches wurde es auch in Europa eingeführt. Leinen ist luftig, bequem, widerstandsfähig, schmutzabweisend und saugfähig, denn es kann bis zu 20 Prozent des Eigengewichts an Wasser aufnehmen, ohne dass die Feuchtigkeit dadurch zu spüren ist. Einziger Nachteil ist, dass Leinen sehr leicht knittert. Das macht allerdings dem modisch bewussten Menschen nichts aus, denn Leinen-Knitter-Look ist immer in.

Pflegetipps für Leinen

Bett- und Tischwäsche aus Leinen kann von Hand oder in der Waschmaschine gewaschen werden, dabei sollte die Temperatur aber nicht über 60 Grad liegen. Kleidung oder Dekostoffe müssen Sie lauwarm waschen oder chemisch reinigen lassen.

- Flecken behandeln Sie vorsichtig sofort mit kaltem oder lauwarmem Wasser, spezielle Mittel gegen Flecken nur bei Bedarf benutzen und darauf achten, dass es sich um Perborat (Sauerstoffbleiche) und nicht um Chlorbleiche handelt.
- Weißes und buntes Leinen sollten Sie stets getrennt waschen. Wenn Sie buntes oder dunkles Leinen das erste Mal waschen, dann immer getrennt von der anderen Wäsche.
- Strickwaren aus Leinen müssen als waschbar gekennzeichnet sein. Sie vertragen keine große Hitze – man kann sie jedoch in der Maschine bei etwa 40 °C waschen. Bei höheren Temperaturen laufen die Sachen leicht ein und verlieren ihre Form!
- Achten Sie darauf, dass die Waschmaschine wenig beladen ist, denn Leinen braucht Platz! Schalten Sie immer den Waschgang für »pflegeleicht« und »schonend« ein.
- Auch die Handwäsche machen Sie am besten in großen Behältern. Das Waschbecken ist dafür – mit Ausnahme kleiner Strickwaren – zu eng.
- Verwenden Sie keine scharfen Waschmittel, insbesondere nicht bei bunten Teilen. Benutzen Sie stets nur Feinwaschmittel und achten Sie genau auf Dosierung und Temperatur.
- Drücken Sie das Teil bei der Handwäsche leicht und zügig durch.
- Vermeiden Sie es, Leinen zu reiben, und lagern Sie Ihre

Leinenkleidung nie feucht: Es kann sonst zu Stockflecken kommen.
- ◆ Bei farbigen oder dunklen Teilen fügen Sie eine halbe Tasse Essig zu – das fixiert die Farbe. Spülen Sie bei gleicher Temperatur klar, der letzte Spülgang sollte kalt sein.
- ◆ Bei hellen Teilen setzen Sie besser eine viertel Tasse klare Essigessenz zu.
- ◆ Drücken Sie die Stricksachen leicht aus. Danach werden sie in Tücher gerollt und liegend auf Frotteetuch getrocknet.
- ◆ Leinenteile, die nicht mit einem Waschsymbol gekennzeichnet sind, was sehr selten ist, gehören in die Reinigung (siehe unten).

Seide

ist eine aus China stammende Tierfaser, und zwar aus den Kokons Seiden spinnender Insekten (Maulbeerseidenspinner für Zuchtseide und Tussahspinner für Wildseide). Ihre Herstellung war früher ein gut gehütetes Geheimnis, in der Antike wurden Seidenstoffe mit Gold aufgewogen. Aus Zuchtseide werden feinste Seidenstoffe wie Crêpe de Chine, Crêpe Georgette oder Crêpe Satin hergestellt. Wildseide weist typische Fadenverdickungen auf; Bourretteseide wird aus den Bruchstücken von Seidenfäden gewebt – sie ist besonders unregelmäßig hergestellt. Seide ist wärmeisolierend, leicht, strapazierfähig, anschmiegsam, glänzend und weich. Sie ist ein sehr feiner Stoff, nicht sehr luftdurchlässig und darf nicht gerieben werden. Bei Blusen sollte man unter den Achseln Einlagen tragen, damit keine Schweißflecken entstehen.

Pflegetipps für Seide
Reine Seide ist sehr empfindlich und bedarf besonders

schonender Behandlung. Sie sollte bis höchstens 30 °C von Hand oder in der Maschine im Feinwaschgang gewaschen werden. Hier bitte unbedingt alkalifreie Feinwaschmittel verwenden, denn Seide ist empfindlich gegen Laugen.

- Verwenden Sie die Waschmittel sparsam: Seifenreste in gestrickter Seide beeinträchtigen Qualität und Aussehen.
- Waschen Sie nur helle, einfarbige Seide. Denn Seide hat, wie kein anderes Textilmaterial, die Fähigkeit, alle Farben sehr satt aufzunehmen: So kann es passieren, dass die Farben beim Waschen von Buntdrucken ineinander laufen. Dunkle Farben »bluten« aus und können dabei helle Besätze anfärben.
- Seidene Spitzen reinigt man, indem man sie in kalter Seifenflockenlauge leicht ausdrückt, gut spült und, noch feucht, von links bügelt.
- Seidenkrawatten wäscht man mit einer verdünnten Lösung von Schmierseife und Spiritus.
- Nehmen Sie für die Seide nur handwarmes Seifenflockenwasser, drücken Sie das Gewebe nur mit der Hand leicht durch, wringen Sie es nicht aus, entfernen Sie das Wasser halbwegs durch Rollen in der Hand.

Leder

ist ein edles Naturprodukt für die verschiedensten Verarbeitungen. Es ist widerstandsfähig und luftundurchlässig, aber wärmeregulierend (wärmt im Winter und kühlt im Sommer, da es atmungsaktiv ist). Weil Leder natürlichen Ursprungs ist, zeigt es eine Maserung, Flecken oder andere Zeichen, die aber nicht unbedingt als Nachteil gelten.

Pflegetipps für Leder
Da Leder nicht als Faser, sondern im Ganzen verarbeitet wird, muss es besonders gepflegt werden.

- Die Verwendung von Waschmitteln oder speziellen Mitteln gegen Flecken ist nicht ratsam, denn Leder könnte dadurch beschädigt werden.
- Am besten bringt man Lederkleidung in eine Spezialreinigung. Man sollte sie in Stoffsäcken kühl aufbewahren, nicht in Nylonsäcken.
- Wird Leder nass, darf es nicht in der Nähe von Heizkörpern getrocknet werden. Nach dem Trocknen muss es mit einer neutralen Schuhcreme behandelt werden.
- Wildleder bekommt leicht Flecken, denn es nimmt den Staub auf und muss daher mit einer geeigneten Bürste gereinigt werden.
- Ein Extratipp! Schuhe oder Taschen aus Glanzleder können mit einem Dampfbügeleisen gereinigt werden.

Meditation vor der Waschmaschine

Ein Tipp für Anfänger: Mit modernen Vollwaschautomaten verhält es sich ähnlich wie mit Kaffeemaschinen. Pulver einfüllen, Taste drücken, fertig. Sie müssen nicht unbedingt die ganze Zeit vor dem Bullauge hocken – auch wenn das Waschmaschinenprogramm oftmals spannender ist als mancher Fernsehfilm.

Aber wenn Sie schon vor der Maschine sitzen, können Sie nebenbei einige Meditationsübungen machen, um sich vom Wasch-Stress zu erholen. Dazu einige Hinweise:

1. Meditationsort und -stellung:
   Steht Ihre Waschmaschine im Badezimmer, empfiehlt es sich, die Übungen in der Wanne (liegend) durchzuführen. Ansonsten hocken Sie sich im Schneidersitz (der Lotussitz ist wegen der sehr schwer lösbaren Knoten nur was für Fortgeschrittene) vor die Maschine.

2. Meditationsvorbereitung:
   Ätherische Öle, Räucherstäbchen oder Kerzen versetzen Sie in die richtige Stimmung. Befindet sich Ihre Waschmaschine in der Küche und Sie haben zuvor gekocht: unbedingt lüften, der Geruch von Schweinebraten ist kontraproduktiv für die Meditation!
3. Meditationsbeginn:
   Waschmittel einfüllen, Startknopf drücken – und Augen langsam schließen. Das Plätschern des Wassers versetzt Sie augenblicklich in eine ferne, behagliche Welt.
4. Meditationsübung eins:
   Tief einatmen, am besten über den Bauch, langsam bis vier zählen, Atem kurz anhalten, durch die Nase ausatmen. Das monotone Geräusch des Hauptwaschgangs versetzt Sie in eine Art Trance. Dennoch ist Ihr Bewusstsein hellwach.
5. Meditationsübung zwei:
   Während Ihr Inneres fast völlig zur Ruhe kommt, lauschen Sie den rhythmischen Bewegungen des Schleudergangs. Nutzen Sie diese höchste Stufe der Konzentration und bündeln Sie Ihre Gedanken auf einen Punkt: Werden Sie eins mit den transzendentalen Mächten ...
6. Meditationsende:
   Der so genannte Maharishi-Effekt setzt ein – die Klarwäsche spült sowohl die Waschmittelreste als auch Ihre schlechten Vibrations weg. Aller Schmutz fällt von Ihnen und Ihrer Wäsche ab. Endlich fühlen Sie sich wieder sauber und porentief rein.

Die Pflege von Kunst- und Synthetikfasern

Einige Fasern erzeugt man aus in der Natur vorkommenden Rohstoffen, die dann durch die Verarbeitung verändert werden (Kunstfasern). Andere Fasern wiederum werden künstlich im Labor durch einen chemischen Prozess hergestellt (Synthetikfasern).

Sicher kennen Sie den Satz: »Natur ist gut, in Synthetik dagegen schwitzt man!« Das stimmt heute kaum noch, ganz im Gegenteil. Hochwertige Sportkleidung wird zum überwiegenden Teil aus Chemiefasern hergestellt; gerade in diesem Bereich kommen kaum noch reine Naturfasern zum Einsatz, bestenfalls Mischgewebe, die einen Anteil an Baumwolle oder Viskose enthalten. Das hat natürlich gute Gründe: Polyester, Polyamid, Lycra und Co., möglichst zusätzlich gemischt mit Elasthan, sorgen für genügend Bewegungsfreiheit, leiten Nässe vom Körper ab und lassen die Haut besser atmen. Und diese Eigenschaften verbessern das »Hautklima« (man schwitzt scheinbar weniger, weil die Haut trockener bleibt) und erhöhen den Tragekomfort ganz erheblich. Darüber hinaus trocknen die Chemiefasern nach dem Waschen schneller als Baumwolle und sind somit auch schneller wieder einsatzbereit. Auch das für Baumwolle so typische »Ausbluten«, das Auslaufen und Verblassen der Farbe, gibt es bei den neuen Hightechfasern nicht. Durch das hochelastische Material bleiben die Outfits folglich auch nach zahlreichen Wäschen formstabil und ansehnlich. Hier nun eine Auswahl von Kunst- und Synthetikfasern:

Acetat

ist ein aus Holzmark hergestellter Zellstoff. Es ist nicht so weich, dafür aber so strapazierfähig wie Seide. Acetatseide lädt sich statisch auf und absorbiert wenig Feuchtigkeit.

Acetatfasern sind z. B. Rhodia Acetat, Arnel oder Lansil. Aus Acetatfasern stellt man Oberbekleidung, Krawatten und Futterstoffe her, aber auch Vorhänge. Als Gemisch kommen sie auch in Samt und Plüsch vor.

Pflegetipps für Acetatfasern
Für die meisten Bekleidungsstücke aus Acetatseide ist die chemische Reinigung zu empfehlen.
- Wird auf dem Etikett Handwäsche angegeben, sind lauwarmes Wasser und ein neutrales Waschmittel zu benutzen.
- Nicht auswringen und liegend trocknen lassen.

Viskose

hat die gleiche Herkunft wie Acetat, ist also ebenfalls aus Holzmark hergestellter Zellstoff. Viskose ist weich und bequem, nimmt Feuchtigkeit auf und ist antistatisch. Viskosefasern sind z. B. Enka, Viscose oder Danufil. Modal wird auch »verbesserte Viskose« genannt. Aus Viskose stellt man Oberbekleidung und Futterstoffe, aber auch Vorhänge und Wäsche her. Modal wird für Tisch-, Bett- und Nachtwäsche verwendet, auch für Frotteewaren.

Pflegetipps für Viskose
Die Hinweise auf dem Etikett genau befolgen, denn die Stücke können einlaufen, wenn sie in der Waschmaschine gewaschen werden.
- Ist Handwäsche erlaubt, verwenden Sie bitte nur lauwarmes, fast kaltes Wasser.
- Waschen Sie das Kleidungsstück kurz und leicht durch, danach in lauwarmem Wasser ausspülen und aufhängen.
- Strickwaren lassen Sie liegend trocknen.
- Auf niedriger Stufe auf links bügeln. Die Nähte vorsichtig auf rechts mit einem Bügeltuch glätten.

Nylon

ist die erste synthetische Faser. Sie ist von DuPont erfunden und 1935 patentiert worden. Ursprünglich hieß sie »poliammide 66«. Seit 1938 ist Nylon im Handel erhältlich und hat dann vor allem in den vierziger Jahren wegen kriegsbedingten Rohstoffmangels einen enormen Erfolg verzeichnen können. Es ist leicht, elastisch, strapazierfähig, reißfest und formbeständig, knitterfrei und läuft nicht ein. Es lädt sich jedoch statisch auf und ist wärme- und sonnenlichtempfindlich.

Pflegetipps für Nylon
- Mit der Hand oder in der Waschmaschine bei niedriger Temperatur mit einem Weichspüler waschen.
- Strumpfhosen und Strümpfe wäscht man am besten in einem Baumwollsäckchen.
- Aufhängen und trocknen lassen.
- Wenn nötig, auf niedriger Stufe bügeln.

Polyacryl

ist eine rein synthetische Faser. Acryl ist leicht, weich und pflegeleicht, es wärmt wie Wolle im Winter und kühlt wie Baumwolle im Sommer. Außerdem ist es knitterfrei und formbeständig. Polyacrylfasern sind z. B. Dralon, Dolan und Dunova. Daraus werden vor allem Strickwaren, Strümpfe und Sportunterwäsche, aber auch Möbelbezugsstoffe, weiche Kleider, Gardinen und Vorhänge hergestellt.

Pflegetipps für Polyacryl
Man kann Polyacrylfasern problemlos in der Waschmaschine waschen.
- Nach drei- oder viermaligem Waschen sollten Sie aber einen Weichspüler hinzugeben, um statische Aufladung zu vermeiden.

- Edle Teile mit der Hand waschen, leicht ausdrücken und aufhängen.
- Strickwaren liegend trocknen lassen.
- Wenn nötig, auf niedriger Stufe bügeln.

Polyamid

ist eine synthetische Faser, die aus einfachen chemischen Verbindungen besteht. Fasern aus Polyamid sind ausgesprochen zugfest, sehr dehnfähig und elastisch, dabei wenig saugfähig, denn sie leiten Wasser an ihrer Oberfläche gut weiter. Sie trocknen deshalb sehr schnell. Polyamid wird rein, aber auch in einer Mischung mit Natur- oder anderen Synthetikfasern verarbeitet. Polyamidfasern sind z. B. Antron, Nylon (siehe oben), Perlon, Dorix, Tactel, Supplex oder Cantrexe. Daraus stellt man Strumpf- und Miederwaren, Unterwäsche, Futterstoffe, Badebekleidung, aber auch Regenschirmbespannungen und Anoraks her.

Pflegetipps für Polyamid
Polyamidfasern lassen sich licht- und waschecht färben.
- Man kann Polyamidfasern und -gemische meist problemlos bis 60 °C in der Maschine waschen.
- Bügeln ist normalerweise nicht nötig – und wenn, dann bei niedrigen Temperaturen.

Polyester

ist eine im Labor entstandene Faser. Man verarbeitet sie sehr gerne mit Baumwolle, Leinen, Wolle, Seide, Viskose und anderen Fasern. Polyester trocknet sehr schnell, ist knitterfrei, widerstandsfähig, anschmiegsam und elastisch. Allerdings lädt es sich statisch auf, und Flecken sind nicht so leicht zu entfernen, da der Stoff nicht sehr saugfähig ist.

Polyesterfasern sind z. B. Darcon, Diolen, Hollofil, Comforel oder Trevira. Auch Sympatex ist ein Mischgewebe auf der Basis von Polyesterfasern. Aus Polyester stellt man Gardinen, aber auch Oberbekleidung und Futterstoffe her.

Pflegetipps für Polyester
Kleidung aus Polyester kann sowohl in der Waschmaschine als auch mit der Hand gewaschen werden.
- Beim Waschen stets nur lauwarmes Wasser verwenden.
- Bei Mischstoffen Hinweise auf dem Etikett beachten.
- Wenn nötig, auf niedriger Stufe bügeln.
- Kleidung aus Sympatex dürfen Sie bis 30 °C in der Maschine waschen oder – wenn es auf dem Pflegeetikett steht – nur chemisch reinigen lassen.
- Verwenden Sie bei Sympatex bitte immer nur Feinwaschmittel, aber niemals Weichspüler. Die Imprägnierung wird sonst angegriffen!
- Sympatex-Kleidung sollte nicht zu stark geschleudert werden.

Polyurethan

ist eine Fasergruppe, die sehr gut formbar und hochelastisch ist. Ihre Eigenschaften lassen sich mit Gummi vergleichen, dabei ist ihre Zugfestigkeit jedoch wesentlich größer. Polyurethanfasern knittern nicht und laden sich auch nicht elektrostatisch auf. Sie werden praktisch ausschließlich zusammen mit anderen Fasern verarbeitet. Markennamen sind z. B. Dorlastan, Elasthan und Lycra. Hergestellt werden daraus Lederimitate wie Alcantara, Kleidung im Lacklederlook, Sportsachen und wetterfeste Oberbekleidung. Elasthan ist z. B. in Badesachen und Miederwaren enthalten.

Pflegetipps für Polyurethanfasern
Polyurethanfasern sind durchaus in der Maschine waschbar.
- Ungefärbte Kleidungsstücke aus Elasthan dürfen Sie bis 60 °C waschen.
- Für bunte Teile gilt Handwäsche bzw. der Schongang bis 30 °C.
- Gebügelt werden Sachen aus Elasthan nie!

Besondere Pflege für Spitze

Edle Wäschestücke mit/aus Spitze werden auf jeden Fall mit der Hand, niemals in der Maschine gewaschen. Selbst wenn es sich nicht um die handgeklöppelte, von der Großtante geerbte Spitzendecke und Omas spitzenverziertes Sofakissen handelt, sondern um maschinell hergestellte Spitzen.
- Spitze weicht man zunächst in handwarmem Wasser ein.
- Verwenden Sie nur Feinwaschmittel! Vorsichtig waschen!
- Spitze wird schonender behandelt, wenn sie in einen Kissenbezug gelegt wird und man sie dann in lauwarmem Wasser wäscht.
- Alte Spitze spannen Sie vorsichtig auf ein mit Leinen bezogenes Brett und tupfen sie dann mit einem Schwamm und Seifenwasser vorsichtig ab.
- Danach lassen Sie die Spitze auch auf dem Brett trocknen.

Omas Tipp für Spitze
- Weiße Spitzen werden wieder schön steif, wenn Sie diese mit aufgekochter Milch gut anfeuchten, dann bügeln.

Frische und Sauberkeit für alle Fälle: die Reinigung

»Waschen erlaubt« heißt nicht unbedingt: »Rein in die Waschmaschine!« Schon der Pflegehinweis auf »Schon- oder Handwäsche« kann problematisch sein, selbst dann, wenn Sie dieses Buch bis hierher gelesen haben. Unter Umständen ist – weil Sie weder Zeit noch Lust haben, sich mit genauen Waschanleitungen zu beschäftigen – der Weg in die Reinigung oder Wäscherei die bessere Lösung. Zumindest, bevor die Kleidung dann doch irgendwann in der eigenen Waschmaschine landet und Sie am Ende des Waschgangs alles verfärbt, verzogen oder gar völlig ruiniert aus der Wäschetrommel ziehen …

Das Pflegekennzeichen gibt Ihnen den Hinweis, ob ein Kleidungsstück gewaschen werden kann. Neben dem »Zuber« (siehe Kapitel 1) und den entsprechenden Zusatzangaben wird es künftig ein neues Pflegesymbol geben: ein großes »W« in einem Kreis. Es verweist auf die »professionelle Nassreinigung«. Wenn Sie kein Wasch-Profi sind, dann Finger weg! Bringen Sie solche Textilien lieber zum Fachmann.

Der inzwischen schon gewohnte Blick aufs Etikett verrät Ihnen noch sechs weitere Reinigungssymbole:

- ◯ Ein Kreis: Die chemische Reinigung ist erlaubt.
- Ⓐ Ein Kreis, in dem ein »A« steht: Reinigung mit allen allgemein üblichen Lösungsmitteln ist möglich. Also auch die Fleckenentfernung mit Waschbenzin. (Bitte nicht den Tank Ihres Autos anzapfen! Waschbenzin gibt's im Drogeriemarkt.)
- Ⓟ Ein Kreis, in dem ein »P« steht: Der Fachmann darf hier auch mit Perchlorethylen ran. Bitte ausschließlich der Fachmann! Perchlorethylen zählt zu den gesundheitsschädlichen Arbeitsstoffen!

- Ⓕ Ein Kreis, in dem ein »F« steht: Das »F« steht für »flammable«, d. h., der Stoff ist leicht entflammbar. Früher wurde damit angezeigt, dass zum Reinigen Fluorchlorkohlenwasserstoff (FCKW) verwendet werden konnte. Heute kommen stattdessen Kohlenwasserstofflösemittel zum Einsatz, auch Benzin. Fleckentfernung mit Waschbenzin ist demzufolge auch für Sie zu Hause erlaubt!
- ○ Ein Kreis mit einem waagerechten Balken darunter weist den Reinigungsfachmann darauf hin, dass dieses Textilstück besonders schonend gereinigt werden muss.
- ⊗ Der durchgestrichene Kreis sagt deutlich: Keinerlei chemische Reinigung erlaubt. Was Sie dann machen sollen, wenn solch ein Kleidungsstück schmutzig ist, aber auch nicht gewaschen werden darf, weiß niemand. Am besten nicht kaufen!

Was alles in die Reinigung kommt
Jährlich werden über 223 Millionen Textilien in den Reinigungsbetrieben gepflegt und über 750 000 Tonnen Wäsche in den Wäschereien gewaschen. Bei diesen Riesenmengen kann es sich nicht ausschließlich um »Problemfälle« handeln, sondern eine ganze Menge Leute können oder wollen nicht selbst waschen. Viele denken bei Reinigung noch oft an die klassische Textilreinigung für Mäntel, Hosen und Röcke. Und in vielen Fällen ist dies wohl auch so. Zahlreiche Reinigungsunternehmen bieten jedoch weitaus mehr. Sie sind auf die Reinigung von Leder, Teppichen und Polstermöbeln, Gardinen und Vorhängen, Bett- und Tischwäsche – und sogar von Kuscheltieren spezialisiert. Außerdem bieten viele Reinigungen auch Imprägnierungen an.

Imprägnierungen schützen vor Wind und Wetter

Bei Nässe und Kälte – bei uns also fast das ganze Jahr hindurch! – brauchen wir Kleidung, die uns warm und trocken hält. Diese Eigenschaften haben manche Fasern schon vom Hersteller mitbekommen, z. B. Kleidung aus Sympatex. Allerdings muss so manche Imprägnierung von Zeit zu Zeit aufgefrischt werden. Der Textilreiniger verwendet dazu umweltverträgliche Substanzen. Diese schützen die Textilfaser und umschließen sie mit einem hauchdünnen Film. Der Schutzfilm wirkt wasserabweisend; so bleiben Regentropfen außen, perlen von der Kleidung ab. Die Luftzirkulation jedoch bleibt erhalten und verstärkt bei Wetterbekleidung auch den Wärmeeffekt.

👍 Klementines Extratipps 👍

- **Wichtig für die Umwelt! Die Waschmaschine nur einschalten, wenn sie gut gefüllt ist. Das spart Energie!**
- **Bei normal verschmutzter Wäsche auf den Vorwaschgang verzichten. Ariel reinigt auch »nur« im Hauptwaschgang porentief rein!**
- **Für die Handwäsche stets ein Fein- oder Wollwaschmittel verwenden. Achten Sie darauf, dass dieses Waschmittel immer vollständig aufgelöst ist.**
- **Stark verschmutzte Handwäsche etwa zwei Stunden einweichen, dann löst sich der Schmutz besser.**
- **Wolle stets bei gleich bleibender Temperatur waschen und spülen. Bei Wolle ist ein Weichspüler nicht zu empfehlen!**

- Vorsicht bei empfindlichen Kleidungsstücken (auch Dessous und BHs mit Bügeln)! Man wäscht sie besser im Wäschebeutel oder in einem Kopfkissenbezug.
- Textilconditioner machen Handtücher kuschelweich, verringern aber nicht die Saugfähigkeit. Lenor Downy sorgt sogar für ein gutes Hautklima.
- Wenn Schleudern erlaubt ist (aufs Etikett schauen!): Kurzschleudergang einstellen und so auch aus der Handwäsche überschüssiges Wasser entfernen.
- Waschmittel am besten trocken lagern, sie ziehen Feuchtigkeit an und verklumptes Waschpulver lässt sich nicht gut dosieren. Am besten in einem Kunststoffbeutel oder einer Plastikbox aufbewahren!

3.
Nach dem Waschen

Sie hören nichts mehr von Ihrer Waschmaschine? Aha! Das Rumpeln und Rauschen hat aufgehört. Die Maschine steht still. Hilfe! Was ist denn da passiert? Ganz einfach, Ihre Waschmaschine hat ihre Arbeit beendet. Und damit ist auch Ihre Pause zu Ende. Wenn Ihre Wäsche wirklich schön werden soll, müssen Sie jetzt wieder ran! Ein Großteil der Arbeit wurde Ihnen sowieso schon abgenommen. Jeder Waschautomat hat nämlich eine eingebaute Schleuder, die dafür sorgt, dass Waschen keine körperliche Schwerstarbeit mehr ist. Selbst wenn Ihnen das so vorkommen sollte …

Auswringen und Schleudern zu Omas Zeiten

Früher musste man die Wäsche nach dem Waschen auswringen. Schließlich konnte man sie nicht tropfnass aufhängen. Sonst hätte es viel zu lange gedauert, bis sie trocken oder zumindest bügeltrocken war. Für das Auswringen der Wäsche benötigte man viel Muskelkraft. Diese Arbeit war sozusagen das Fitnesstraining der damaligen Zeit. Dabei wurde nicht nur die Armmuskulatur aufgebaut und beansprucht, auch das Gewebe der Wäsche wurde leider ganz schön »mitgenommen«. An jedem Ende des Wäschestückes zog man – oft zu zweit – mit voller Kraft, drehte es ein und wrang es so aus. Keine sehr pflegliche, aber die einzig mögliche Art und Weise, überschüssiges Wasser aus der Wäsche zu entfernen. Wobei natürlich auch unsere Großmütter schon wussten, dass nicht jedes Wäsche- und Kleidungsstück eine solche Prozedur verträgt.

Wie man sich die Arbeit vereinfachte
Gut ausgepresste Wäsche benötigte auf der Wäscheleine bzw. auf dem Dachboden weniger Zeit zum Trocknen als von Hand ausgewrungene Wäsche. Wichtig war dies vor allem in Mietshäusern. Hier war die Reihenfolge der Waschküchenbenutzung und die des Trockenbodens genau in der Hausordnung festgelegt. Hilfsgeräte fürs Auswringen kannte man ab Mitte des 19. Jahrhunderts:

- Bei Wringmaschinen wurde die Wäsche durch zwei gegenläufige, fest aufeinander gepresste Rollen geführt. Bei dicken Wäschestücken erforderte das Drehen der Walzen zwar großen Kraftaufwand, doch war es immer noch erheblich leichter und wirkungsvoller als das Auswringen per Hand.

- Später gab es die »hydraulische Wäschepresse« – einen zylinderförmigen Behälter, in den die Wäschestücke gelegt wurden. Er wurde oben mit einem Deckel verschlossen und zusätzlich verriegelt. Nun drehte man den Wasserhahn auf und durch einen Schlauch floss Wasser in den unteren Teil des Gerätes. Ein Presskolben aus dehnbarem Gummi wurde dadurch nach oben gedrückt. Die Wäsche wurde an den Deckel und die gelochten inneren Seitenwände gepresst, das Auswringen hatte sich damit erledigt!

- Vor etwa 70 Jahren kamen die ersten elektrischen Wäscheschleudern auf den Markt. Zunächst waren sie sehr klein, aber selbst in den späteren Schleudermodellen, die um etliches größer waren, hatten nicht viel mehr Wäschestücke Platz. Der untere Bereich der Schleuder war mit Eisen gefüllt und sorgte durch sein Gewicht dafür, dass die Maschine bei unregelmäßigem Lauf nicht zu »wandern« anfing.

- Wäscheschleudern waren – im Gegensatz zu Waschmaschinen – relativ billig. Kein Wunder also, dass in vielen Haushalten zunächst eine Schleuder angeschafft wurde. Die Wäsche wurde noch »per Hand« gewaschen, lediglich das unangenehme Auswringen (zu dem man meist noch eine zweite Person brauchte) wurde der Hausfrau von der Maschine abgenommen.
- Erst seit den 60er Jahren gab es so genannte Waschvollautomaten, in die eine Schleuder integriert war. Ein Zementsockel im Inneren der Maschine sorgte dafür, dass die Unwucht während des Schleudervorgangs in Grenzen gehalten wurde und die Maschine nicht »auf Wanderschaft« ging.

Heute gibt es in fast jedem Haushalt einen Waschvollautomaten. Der übernimmt nicht nur das Waschen Ihrer Wäsche (das haben Sie ja gerade in Kapitel 2 ausprobiert), sondern er schleudert auch, so dass Sie alles nur noch auf die Leine hängen oder in den Trockner geben müssen. Der Schleudervorgang dauert bei den meisten Maschinen etwa fünf Minuten.

Wie Sie ja bereits wissen, ist nicht jedes Gewebe robust genug, um alles mitzumachen und danach immer noch wie neu auszusehen. Deshalb hat man verschiedene Schleuderstufen entwickelt. Die Wäsche wird dabei nicht durchgängig mit derselben hohen Drehzahl herumgewirbelt. Es gibt vielmehr mehrere Phasen; in den Pausen dazwischen wird die Wäsche wieder aufgelockert, um dann erneut geschleudert zu werden.

- Meist sind den einzelnen Programmen maximale Drehzahlen zugeordnet. So kann es Ihnen nicht passieren, dass Sie zarte, pflegeleichte Wäsche versehentlich zu hochtourig schleudern.

- Das Schleudern in Stufen hat bei den einzelnen Herstellern unterschiedliche Bezeichnungen. So kennt man z. B. Varimatik, Intervallschleudern, Locker-Schleuder-Automatik oder Schon-Schleuder-Automatik.
- Pflegeleichte Textilien werden auf jeden Fall in solchen Stufen geschleudert. Sie knittern dann weniger.
- Nimmt man Bügelfreies bereits nach den ersten Schleuderstufen aus der Maschine, so ist die Wäsche gleichmäßig sanft und vor allem knitterfrei entwässert. Sie können sich das Nachbügeln meist sparen!
- Je höher die Schleuderdrehzahl, desto trockener kommt die Wäsche aus der Maschine. Manche Waschvollautomaten gehen mit bis zu rasanten 1 600 Umdrehungen pro Minute auf Touren. Das spart viel Zeit beim Trocknen, auch auf der Wäscheleine.
- Wird die Wäsche maschinell getrocknet, ist Schleudern noch wichtiger. Denn beim Trocknen in der Maschine wird Energie vor allem für das Entfeuchten verbraucht.

»Flattert die Wäsche im Wind …«

Sausewind, Brausewind, tummle dich und komm geschwind und mach die Wäsche trocken.
Komm geschwind und tummle dich, sieh, wir warten schon auf dich, mach die Wäsche trocken.
Sausewind, hu, hu, hu, hu, blase und gib nicht eher Ruh, bis die Wäsche trocken.
Sausewind, wir danken sehr, blasen brauchst du nun nicht mehr, die Wäsche ist schon trocken.

Das Kinderlied sagt es: Was gibt es Schöneres als frisch gewaschene Wäsche, die draußen im Wind auf der Leine getrocknet wurde?! Der Wind hat sie so richtig durchgeblasen. Sie ist weich und duftet nach Sommer, nach Frische, fast wie neu … Nur wenige kennen heutzutage – und vor allem in der Stadt! – solche an frischer Luft getrocknete Wäsche. Vielleicht noch diejenigen, die einen Garten, eine Terrasse oder einen großen Balkon ihr Eigen nennen. Und es ist noch gar nicht so lange her, da war es üblich, dass vor jedem Mietshaus ein Trockenplatz angelegt wurde, auf dem man Leinen spannen und Wäsche trocknen konnte. Heute sieht man solche »Wäscheplätze« auch noch, allerdings meist mit ein- und ausklappbaren Wäschespinnen. Hier trifft man sich wie früher zum Aufhängen der Wäsche und tauscht dabei den neuesten Klatsch mit der Nachbarin aus. (Übrigens, meine Herren, ein Spitzenplatz, um neue Bekanntschaften zu schließen!)

Omas Aberglaube rund ums Wäschetrocknen
Unsere Urgroßmütter kannten noch die Sitte, stets eine Männerunterhose als erstes Wäschestück aufzuhängen. Aus heute nicht mehr nachvollziehbaren Gründen glaubte man nämlich, dass dies einen guten Wind zum Trocknen bewirke. Es gab so manchen Aberglauben, der mit dem Trocknen der Wäsche zusammenhing:

- Auf dem Lande war es allgemein üblich, dass die Wäsche am Gründonnerstag, Karfreitag, zu Ostern und manch anderen Feiertagen weder gewaschen noch auf die Leine gehängt werden durfte. Hielt man sich nicht daran, beschwor man Unglück über sich und seine Familie herauf.
- Auch über die Jahreswende, die gesamten Raunächte von Weihnachten bis zum Heiligedreikönigstag am 6. Januar durfte man kein Wäschestück hängen lassen, da man sonst im neuen Jahr ein Unglück heraufbeschwören würde.
- Man sollte Wäsche auch nicht im starken Wind hän-

gen lassen, vor allem nicht die Wäsche von Säuglingen. Sonst würden die Kleinen viel schreien.
- Kinderwäsche kann nur tagsüber auf die Leine. Über Nacht aufgehängt, hätte sie den Kindern unruhigen Schlaf bereitet.
- Ein knisternder Wäschekorb deutete auf die baldige Ankunft eines Kindes hin. Die damaligen Wäschekörbe waren aus Weidenzweigen geflochten und knisterten sehr oft. Heutige Wäschekörbe sind aus Plastik und knistern eher selten. Vielleicht eine Erklärung für den Geburtenrückgang...

Früher wurde die Wäsche nicht auf Leinen, sondern über Stangen aufgehängt. Die Stangen waren zwischen Bäumen, an Hausmauern und auf den Dachböden angebracht. Kleinere Wäschemengen trocknete man auf dünnen Stangen oberhalb des Kachelofens.
Mit der Zeit setzte sich aber das Trocknen auf einer Wäscheleine durch. Sie wurde jeweils extra zum Trocknen neu gespannt, und damit sie fest genug war, brauchte man meist eine zweite Person, die beim Spannen half. Denn schwere große Wäschestücke zogen die Leine stark zu Boden. Neue Wäscheleinen, die meist aus Hanfseil waren, mussten vor dem Gebrauch ausgekocht werden. Nur dann waren sie ganz sauber und verschmutzten die frisch gewaschene Wäsche nicht.

Wie man Wäsche auf die Leine hängt

Heute benutzt man meist Wäscheleinen mit einer Ummantelung aus Kunststoff – oder gleich einen Trockenständer. Die Wäsche wird auch heute noch mit Wäscheklammern aufgehängt. Und so geht's am besten:

- Wäscheleine und Klammern sollten sauber sein, sonst können Sie gleich wieder die Waschmaschine anstellen!
- Die einzelnen Stücke werden vor dem Aufhängen glatt geschüttelt – man nennt das auch »ausschlagen«. Dann werden sie ordentlich etwa 20 Zentimeter über die Leine gehängt und in Form gezogen. Das erspart Ihnen später beim Bügeln eine ganze Menge Arbeit.
- Wäsche aus Naturfasern schiebt man auf der Leine ein wenig zusammen. Sie schrumpft nämlich beim Trocknen und bildet dann leicht »Zipfel«.
- Die Wäsche sollte auf der Leine (wie auf dem Wäscheständer!) nicht übereinander hängen oder sich berühren. Sonst dauert das Trocknen wesentlich länger.
- Bettbezüge hängen Sie am besten mit der Öffnung zur Seite auf, selbst wenn sie dann auf der Leine mehr Platz brauchen: So kann der Wind hineinblasen und alles schneller trocknen.
- Pflegeleichte Kleidung trocknet schneller und vor allem mit weniger Falten, wenn man sie auf Kunststoffbügel hängt. Aufblasbare Bügel sorgen dafür, dass Vorder- und Rückenteil nicht zusammenkleben.
- Hängen Sie Leinenkleidung tropfnass auf. Streifen Sie Leinen nur glatt und trocknen Sie es nicht zu lange. Wenn das Pflegesymbol auf dem Etikett es erlaubt, darf Leinen sogar kurzgeschleudert werden.
- Wäschestücke hängt man am besten an den Nähten oder am Bund auf – dann verziehen sie sich nicht. Vor dem Aufhängen sollte man Nähte, Bund und Knopfleisten »ausstreichen«.

Wäscheklammern zu Omas Zeiten

Früher wurden die Klammern aus dem Holz des Haselnussstrauches geschnitzt. Zu Herbstbeginn gingen die Leute in den Wald und sägten dort etwa 2 m lange Ruten ab, die auf einem luftigen Dachboden getrocknet wurden. Im Winter sägte man die Stangen in etwa 15 cm lange Stücke. Am Astende wurde ein Nagel eingeschlagen, dann das Holzstück umgedreht, die Nagelspitze umgebogen und ins Holz zurückgeschlagen. Dies verhinderte, dass sich bei der anschließenden Bearbeitung das ganze Aststück spaltete. Jetzt konnte das Holzstück am anderen Ende gespalten werden. In den Spalt wurde ein Holzstückchen eingeklemmt. Nach einiger Zeit behielt der »Speil« seine V-förmige Öffnung und das Holzstück konnte wieder herausgenommen werden. Mit einem Taschenmesser wurden alle überstehenden Teile entfernt, damit später keine scharfen Stellen die Wäsche beschädigten.

Wäschetrockner sind praktische Helfer

Kein Aufhängen, kein langes Warten – und selbst bei Wind und Wetter ist die Wäsche im Nu trocken. Mit einem Wäschetrockner ist das kein Problem! Trockner gelten allerdings oft als Stromfresser. Sie verbrauchen etwa doppelt so viel Energie wie Waschmaschinen. Die Anschaffung ist deshalb nur in Haushalten sinnvoll, die weder auf einem Trockenboden noch im Badezimmer Platz für eine Wäscheleine haben. Es gibt drei Trocknersysteme, die als Alternativen zum Wäscheständer in Frage kommen.

- Ablufttrockner sind die umweltfreundlichste Variante, weil sie den geringsten Stromverbrauch haben. Leider lassen sie sich nicht überall aufstellen. Sie pusten die

Feuchtigkeit nach draußen und müssen daher in einem gut belüfteten Raum stehen.
- Bei Kondensationstrocknern sammelt sich das Wasser aus der Wäsche in einem Auffanggefäß. Der Nachteil ist, dass die Geräte mehr Strom verbrauchen und bei gleicher Ausstattung bis zu 230 Euro teurer als Ablufttrockner sind.
- Eine dritte Alternative zur Aprilfrische von der Leine bieten Waschtrockner. Diese Waschmaschinen mit eingebautem Trockner haben den Vorteil, dass sie wenig Platz wegnehmen – denn von den Maßen her sind sie nur ein einziges Gerät und passen so auch in enge Badezimmer. Allerdings geht weniger Wäsche hinein, sie brauchen länger und sind daher teurer als separate Trockner.
- Wäschetrockner und Waschtrockner sind mit Zeit- oder Feuchtigkeitssteuerung auf dem Markt. Teurere feuchtigkeitsgesteuerte Geräte brauchen weniger Strom als zeitgesteuerte, weil sie sich abschalten, wenn die Wäsche trocken ist. Bei Trocknern mit einer vorgegebenen Zeitspanne dagegen besteht die Gefahr, dass die Wäsche »übertrocken« wird und die Geräte unnötig Strom verbrauchen.

Die Pflegehinweise fürs Trocknen

Natürlich bleibt es Ihnen nicht erspart, auch beim Trocknen einen Blick aufs Etikett zu werfen. Da finden Sie genaue Hinweise:

- Quadrat mit innen liegendem Kreis: Dies Kleidungsstück darf in den Trockner!
- Quadrat mit Kreis und einem Punkt in der Mitte: Trocknen ja, aber bitte mit niedrigen Temperaturen!
- Quadrat mit Kreis und zwei Punkten in der Mitte: Trocknen erlaubt, auch mit höheren Temperaturen!

⊗ Quadrat mit durchgestrichenem Kreis: Bitte nicht maschinell trocknen!
▥ Quadrat mit drei senkrechten Strichen darin: Vor dem Trocknen bitte abtropfen lassen!
⌒ Quadrat mit einem kleinen Bogen im oberen Bereich: Bitte zum Trocknen aufhängen!
⊟ Quadrat mit einem einzigen waagerechten Strich in der Mitte: Zum Trocknen bitte hinlegen! Das heißt: Sie legen das Kleidungsstück flach auf den Trockenständer oder auf ein dickes, flauschiges Handtuch. Ziehen Sie es – wenn nötig – in Form.

So sparen Sie Geld beim Wäschetrocknen

- Gut geschleuderte Wäsche hält die Stromkosten niedrig.
- Voll ausgelastete Trockner arbeiten am wirtschaftlichsten.
- Bügelwäsche muss nicht ganz trocken sein. Sortieren Sie die Wäsche nach den Programmarten »schranktrocken«, »bügelfeucht« und »pflegeleicht« vor.

Wie man Wäsche im Trockner behandelt

Wenn Sie Ihre Wäsche möglichst hochtourig schleudern, hat sie nicht allzu viel Restfeuchte. Beim maschinellen Trocknen sollten Sie
- möglichst gleiche Textilien zusammenstellen.
- die Knopfleisten teilweise schließen, damit sich kleinere Teile nicht in größere schieben.
- den richtigen Trocknungsgrad wählen. Hinweise finden Sie auf dem Etikett.
- die Wäsche am Ende des Trockenvorgangs sofort aus dem Trockner nehmen.
- Bügelwäsche sofort weiterbearbeiten, wenn Sie den Trockner auf »bügelfeucht« eingestellt hatten.

- Frottee- und Trikotwaren sowie bügelfreie Textilien gut auslüften, bevor sie im Schrank verstaut werden.
- Ein Extratipp: Daunenjacken werden nach dem Waschen (in der Waschmaschine im Schongang bei 30 °C) besonders locker, wenn Sie diese anschließend auf niedriger Stufe im Trockner trocknen und einen Tennisball dazugeben. Er lockert die Füllung auf.

Worauf Sie beim Wäschetrocknen achten sollten

- Lassen Sie die Wäsche nach dem Waschen nicht zu lange in der Waschmaschine oder im Wäschekorb.
- Bleibt die Wäsche nass oder feucht längere Zeit liegen, riecht sie bald muffig. Dasselbe kann passieren, wenn Sie die Kleidung in den Schrank räumen, bevor sie ganz trocken ist.
- Wäschetrocknen auf Möbeln oder Ähnlichem empfiehlt sich nicht – Schimmelgefahr! Kaufen Sie sich am besten einen kleinen Wäscheständer, den Sie im Badezimmer aufstellen können.
- Wäschestücke trocknen unterschiedlich schnell, deshalb den Trockner mit möglichst gleichartigen Stücken füllen!
- Wolle, Strickwaren, elastische Fasern und manche empfindliche Stoffe dürfen nicht elektrisch getrocknet werden. Wolle verfilzt im Trockner, empfindliches Gewebe wie Seide knittert, Frottee kann einlaufen.
- Kunstfasern dürfen auch im elektrischen Trockner nur kalt behandelt werden. Andernfalls laufen sie ein oder knittern sehr stark.
- Nicht in den Wäschetrockner gehören Pullis und Blusen mit eingenähten Schulterpolstern aus Schaumgummi. Das gilt auch für BHs mit Schaumstoffeinlagen.

- Textilien, die mit Waschbenzin behandelt wurden, können sich im Wäschetrockner entzünden.
- Vorsicht, wenn Sie einen so genannten Waschtrockner (also das Kombigerät aus Waschmaschine und Trockner) benutzen. Waschkugeln aus Plastik vertragen die hohen Temperaturen nicht! Dosierhilfen also vor dem Trocknen herausnehmen.

Omas Tipps zum Wäschetrocknen

- Am besten trocknet man Wäsche an der frischen Luft. Da wird sie duftig und riecht angenehm.
- Selbst im Winter ist das Wäschetrocknen im Freien kein Problem, wenn Sie dem letzten Spülwasser etwas Salz zugeben.
- Weiße Baumwolle wird an frischer Luft und im Sonnenlicht getrocknet besonders weiß: Die Sonne bleicht nämlich noch nach.
- Nylon, Wolle und Seide sollte man nicht in der Sonne trocknen: Farbverlust wäre die Folge. Wolle und Seide werden außerdem brüchig.
- Farbige Wäsche sollten Sie stets nur im Schatten trocknen. Sie bleicht sonst leicht aus.
- Nasse Wolldecken hängen Sie nach dem Waschen am besten diagonal, also im Dreieck über die Leine. Das Wasser kann so an der Ecke unten ablaufen, die Decke verzieht sich nicht.
- Leichte Kleidungsstücke aus Acryl, elastischen Stoffen, Nylon und auch Faltenstoffe (Crinkle, Plissee) hängen Sie am besten nass auf einen Kleiderbügel und lassen sie dann trocknen.
- Empfindliche Stoffe (Seide, Krepp, Chiffon) rollt man in ein Handtuch ein und entfernt so die überschüssige Feuchtigkeit. Anschließend auf einen Kleiderbügel hängen und im Zimmer trocknen lassen.

- Gewaschene Stricksachen hängt man nicht auf die Wäscheleine, sondern legt sie auf einem Handtuch ausgebreitet zum Trocknen. Niemals in die Nähe einer Heizung legen, die Kleidungsstücke werden sonst hart und unansehnlich.
- Leinen-Stricksachen darf man zum Trocknen nicht aufhängen. Schwere Stücke verziehen sich leicht. Deshalb am besten ausgebreitet auf einem dicken, flauschigen Handtuch trocknen.
- Waschsamt sollten Sie nass aufhängen und während des Trocknens hin und wieder mit einer sauberen Bürste gegen den Strich bürsten. Der Samt wird wieder wie neu – auch ohne Bügeln.

So, jetzt haben Sie sich erst einmal eine Pause verdient. Und zur Entspannung hier nun ein kleiner Test.

Die Checkliste: »Nach dem Waschen«

1. Die Waschmaschine ist mit der Arbeit fertig, wenn

- trotz scharfer Beobachtung durchs Guckfenster in der Trommel keinerlei Bewegung mehr zu erkennen ist.
- keinerlei Rumpeln oder Erschütterungsgeräusche vernehmbar sind. Das ist vor allem dann wichtig, wenn Sie eine Waschmaschine ohne Bullauge Ihr Eigen nennen.
- keinerlei Wasserrauschen mehr zu hören ist.
- der Programmschalter auf Stopp oder Ende steht.
- die Maschine sich entriegeln lässt.

2. Die Wäsche ist nicht sauber geworden, weil

- Sie die Wäsche falsch getrennt haben. Alles ist zartrosa oder hellblau?! Dann viel Spaß beim Entfärben! (Siehe auch Kapitel 4)
- zu viele Wäschestücke gewaschen wurden. Das Ganze

noch einmal und diesmal bitte mit weniger Wäsche in der Trommel!
- Sie zu schusselig waren, Waschmittel zuzugeben. Das Ganze noch einmal und diesmal Ariel Pulver, Ariel flüssig oder Ariel Tabs nicht vergessen!
- Ihre Wäsche ganz schön verdreckt war. Das Ganze noch einmal! Und vielleicht dosieren Sie mit Ariel diesmal richtig!
- Ihre Wäsche immer noch muffig riecht. Also das Ganze noch einmal! Und vielleicht geben Sie deshalb besser duftendes Lenor in den letzten Spülgang.

3. Sie sollten Ihre Wäsche aufhängen, weil
- sie sonst Knitterfalten bekommt.
- sie sonst schnell muffig riecht.
- sie sonst nicht richtig trocken wird.
- sie außerdem sonst langsam anfängt zu schimmeln.
- Ihre Wohnung dann nach »feuchter Wäsche« duftet.
- sich auch an den Zimmerwänden schon Schimmelflecke zeigen.

4. Sie trocknen Ihre Wäsche richtig, wenn Sie
- nicht alles ungeordnet über die Leine werfen.
- Stück für Stück nebeneinander auf die Leine hängen.
- jedes Stück glatt schütteln, bevor Sie es aufhängen.
- auch für Hemden Wäscheklammern benutzen. Das erspart die so genannte »Junggesellenlinie« (nämlich den Knick von der Leine auf der Brust des Hemdes).
- nicht alles wahllos in den Wäschetrockner stopfen, sondern die Ladung für den Trockner sortieren.

5. Sie benutzen einen Trockner, weil
- Sie keinen Garten, keine Terrasse und auch keinen Balkon haben.

- Sie in der Großstadt neben einer Kohlenzeche wohnen.
- in Ihrer Einzimmerwohnung eigentlich kein Platz für einen Wäscheständer ist und Sie es satt haben, dauernd über den Wäscheständer zu stolpern.
- Sie in Ihrem Badezimmer gerne wieder mal bequem duschen würden, statt ständig unter der Wäsche zu kauern, die Sie über der Badewanne aufgehängt haben.
- Sie es noch nie geschafft haben, duftig-weiche Wäsche auf der Leine zu trocknen.

Nach dem Trocknen ...

Alles trocken? Gut. Dann sind Sie bereit für die nächste große Aufgabe – das Bügeln. Beim Waschen und Trocknen gab es maschinelle Helfer, die Ihnen den größten Teil der Arbeit abgenommen haben. Natürlich gibt es auch beim Bügeln elektrische Unterstützung, aber dennoch müssen Sie jetzt körperlichen Einsatz zeigen! Zuvor jedoch sollten Sie Folgendes beachten:

- Alles, was Sie bügeln wollen, darf nicht »staubtrocken« sein. Bügelwäsche wird möglichst noch etwas feucht von der Leine (oder aus dem Trockner) genommen.
- Perfekt und rationell arbeiten Sie, wenn Sie die Wäsche vorsortieren: nach Bügeltemperatur, Material und vielleicht auch Größe.
- Sie haben eine Bügelmaschine, benutzen aber zusätzlich ein Bügeleisen? Dann sortieren Sie die Wäsche nach dem Trocknen gleich entsprechend, damit Sie nachher nicht erst alles zusammensuchen müssen.
- Frottee- und Trikotwaren müssen nicht gebügelt werden, sie können gleich in den Schrank. Bitte aber nur dann, wenn sie wirklich trocken sind. Feuchte Wäsche im Schrank muffelt leicht, doch davon später mehr.

Die neun häufigsten Pannen:
Do it yourself!

Jeder fängt mal klein an, keiner kommt als Klementine auf die Welt. Deshalb müssen besonders Anfänger beim Waschen immer wieder mit Pannen rechnen. Damit Sie nicht gleich den Mut verlieren oder eine Menge Geld für den Handwerker ausgeben, habe ich Ihnen eine kleine Do-it-yourself-Liste zusammengestellt:

1. Sie drücken auf die Einschalttaste – doch es tut sich nichts.
Abhilfemöglichkeiten: Sicherung einschalten, Bullauge verriegeln – oder endlich die Stromrechnung zahlen.

2. Kein Wasser fließt in die Maschine.
Abhilfemöglichkeiten: Zulaufsieb säubern, anderes Programm wählen, Wasserhahn aufdrehen.

3. Die Maschine leckt.
Abhilfemöglichkeiten: Das Götz-Zitat rufen, Gebrauchsanleitung lesen, Ehefrau/Ehemann oder Hausmeister rufen.

4. Wenn Sie die Gebrauchsanleitung lesen, verstehen Sie nur Bahnhof.
Abhilfemöglichkeiten: Beim Hersteller in Korea anrufen, Volkshochschulkurs belegen, Selbsthilfeverein für Gebrauchsanleitungsgeschädigte (Gag e. V.) gründen.

5. Die Wäsche wird einfach nicht sauber.
Abhilfemöglichkeiten: Das nächste Mal Waschpulver verwenden, Vorwaschgang einschalten, weniger Kleidungsstücke einfüllen.

6. Alle Wäschestücke sind rosa eingefärbt.
Abhilfemöglichkeiten: Nächstes Mal beim Sortieren besser aufpassen, Verfärbung ignorieren und die Klamotten weitertragen (der nächste Rosa-Trend kommt ganz bestimmt), die Kleidungsstücke dem örtlichen Karnevalsverein schenken oder in die Altkleidersammlung geben.

7. Trotz höchster Aufmerksamkeit passieren Ihnen beim Sortieren immer wieder Fehler.

Abhilfemöglichkeiten: Komplette Kleidung nur noch in einer Farbe kaufen (schwarz ist zeitlos chic), zumindest aber exotische Farben meiden, endlich zum Augenarzt gehen.
8. Der Tomatenfleck auf der weißen Bluse geht partout nicht raus.
Abhilfemöglichkeiten: Die chemische Keule auspacken, das gute Stück komplett färben, den Fleck mit der Schere ausschneiden (erhöht erotische Ausstrahlung).
9. Sie sind der Verzweiflung nahe, mit keinem der bislang beschriebenen Tipps kommen Sie klar.
Letzte Abhilfemöglichkeiten: Waschmaschine verkaufen, in den Gelben Seiten nach einer guten Reinigung suchen oder endlich heiraten.

Im wahrsten Sinne des Wortes: Bügeln ist eine heiße Sache

… und nicht ungefährlich, denn allzu schnell hat man folgende Situation: Sie bügeln gemütlich vor sich hin. Trällern dabei den neuesten Hit aus dem Radio mit. Schauen sich »nebenher« eine Fernsehserie an, der Sie sonst niemals auch nur einen Blick gönnen würden. Selbst Nachmittags-Talkshows sollen bei Bügler(n)/innen ausgesprochen beliebt sein. Da klingelt auch noch das Telefon, und das war's: Sie verquatschen sich, passen nur »einen Moment« lang nicht auf. Schon ziert ein riesengroßer brauner Brandfleck das Hemd oder die Bluse, die Tischdecke oder den Bettbezug. Bügeln ist zwar keine Kunst, aber es erfordert ungeteilte Aufmerksamkeit!

Warum man früher mehrere Eisen im Feuer hatte

Vor noch gar nicht allzu langer Zeit war ein Bügeleisen ein wahres Schwergewicht: bis zu 15 Pfund schwer, mit eisernem Unterteil und einem Holzgriff oben. Dort fasste man es an und setzte (= stellte) es zum Aufwärmen auf die Herdplatte. Deshalb nannte man es auch »Setzeisen«. Keine leichte Sache, sondern körperliche Schwerstarbeit! Etwas leichter hatte man es mit Bügeleisen, die innen hohl waren. Ein Eisenteil, das direkt ins Herdfeuer gelegt wurde, konnte in eine kleine Tür geschoben werden, die hinten am Bügeleisen angebracht war. Es war vorne spitz wie ein Stachel. Daher wurde dieses Bügelgerät »Stacheleisen« genannt. Im Herdfeuer hatte man gleich mehrere dieser eisernen Einsätze zum Aufwärmen. Man konnte damit ohne größere Unterbrechungen bügeln, denn man wechselte die Eisen aus, sowie sie etwas abgekühlt waren. Und dann kannte man noch Kohlebügeleisen. Sie wurden oben geöffnet und mit glühenden Holzkohlestücken gefüllt. Die Glut der Holzkohlen sorgte für die Erwärmung des Bügeleisens. Oft spritzten jedoch Glutteile aus den Öffnungen und hinterließen kleine Brandlöcher. Nicht ganz ungefährlich also. Außerdem konnte es durchaus zu Rauchvergiftungen kommen.

Bügeln wie ein Profi

Das richtige Werkzeug ist entscheidend dafür, wie viel Arbeit Sie beim Bügeln haben:

- Trockenbügeleisen glätten die Wäsche einfach durch Wärmeeinwirkung. Für das schnelle Aufbügeln zwischendurch sind sie gut geeignet.
- Dampfbügeleisen sind so konstruiert, dass sie über einen Wasserbehälter Dampf erzeugen können. Die-

ser befeuchtet dann die Wäsche, bevor die glatte Bügelfläche darüber gleitet. Mit einem Dampfbügeleisen sind Sie auch für größere Wäscheberge und etwas kompliziertere Bügelarbeiten gut gerüstet. Es gibt außerdem Dampfsprüheisen, die zusätzlich einen Dampfstrahl auslösen, der die Wäsche an der gewünschten Stelle extra befeuchtet.

- Mit einer Bügelmaschine mangeln Sie Ihre Wäsche zwischen einer drehbaren, mit Stoff bezogenen Walze und einer beheizbaren Bügelmulde. Mit einer Mangel werden Stoffe, Haushaltswäsche, Bettwäsche und einfach geschnittene Kleidungsstücke wie z. B. T- und Sweatshirts gebügelt. Sie ist für große Familien ideal, bei denen viel Bettwäsche und vor allem viele glatte und leicht zu bügelnde Textilien anfallen.
- Moderne Dampfbügelstationen dagegen sind für jegliche Bügelwäsche geeignet. Beim Bügeln müssen Sie nicht – wie beim »normalen« Dampfbügeleisen – immer wieder warten, bis sich neuer Dampf aufbaut. Denn solche Stationen haben einen externen Dampferzeuger, der mit starker Leistung und einem großen Wassertank dafür sorgt, dass man alles mit weniger Kraftaufwand und meist nur einem einzigen Bügelgang glatt und faltenlos bekommt. Der Dampf ist sehr heiß und somit feiner, so dringt er schneller in die Wäsche ein. Bügelfalten halten demzufolge länger und knittern nicht nach und Wolle erhält schon durch zwei bis drei Dampfstöße neues Volumen.

Die Bügelsymbole auf dem Etikett

Wie gehabt: Der Blick auf den Pflegehinweis genügt. Sie finden dort nämlich ein kleines Symbol – ein Bügeleisen . Daran erkennen Sie genau, wie heiß das Bügeleisen sein darf:

- ⛨ Drei Punkte im Bügeleisensymbol: Sie können mit der höchsten Stufe bügeln. Das entspricht dem Hinweis »Leinen/Baumwolle«. Die Wäsche sollte dafür bügelfeucht sein, bei druckempfindlicher Kleidung (z. B. dunklem Leinen) nehmen Sie besser ein feuchtes Tuch. Natürlich ist Dampfbügeln erlaubt.
- ⛨ Zwei Punkte im Bügeleisensymbol: Sie arbeiten am besten mit der mittleren Stufe und damit mäßiger Wärme. Das entspricht dem Hinweis »Wolle, Seide, Polyester, Viskose«. Dampfbügeln ist ebenfalls erlaubt.
- ⛨ Ein Punkt im Bügeleisensymbol: Sie arbeiten mit der niedrigsten Hitzestufe und achten außerdem auf den Hinweis »Polyacryl, Polyamid, Acetat«. Besonders heikle Stücke bügelt man am besten von links oder legt ein Tuch darauf. Auf Dampfbügeln sollten Sie verzichten.
- ⛨ Das durchgestrichene Bügeleisensymbol warnt: Bügeln nicht erlaubt!

Das richtige Bügelbrett

- ◆ Überlegen Sie vor dem Kauf, wie groß die Fläche des Bügelbretts sein soll. Das hängt davon ab, ob Sie eher große Wäschestücke oder nur kleinere zu bügeln haben.
- ◆ Achten Sie auf eine Extraabstellfläche für das Bügeleisen. Sie sollte einen sicheren Stand gewährleisten und natürlich hitzebeständig sein.
- ◆ Bezüge auf dem Bügelbrett erleichtern die Arbeit. Sie lassen das Bügeleisen leichter gleiten.
- ◆ Metallfolie reflektiert die Hitze und die Wäsche wird von unten »mitgebügelt«. Das erspart viel Zeit, vor allem bei großen Stücken wie z. B. Bettwäsche.
- ◆ Eine spezielle Halterung für das Kabel ist empfehlens-

wert. Damit verhindern Sie, dass sich etwas verheddert oder Sie aus Versehen das Kabel »mitbügeln«.

Die meisten Stoffe lassen sich in feuchtem Zustand am besten bügeln. Deshalb findet man bei vielen Wäschetrocknern auch die Einstellmöglichkeit für »bügelfeuchte Wäsche«. Ist die Wäsche bereits völlig trocken, sollte man sie vor dem Bügeln anfeuchten, z. B. mit einer Pflanzensprühflasche. Geben Sie beim Einsprühen der Wäsche etwas Essig in das Wasser. Das Bügeln geht dann wesentlich leichter. Beim Einsprühen sollten Sie warmes Wasser verwenden. Es zieht schneller in die Wäsche ein als kaltes.

Ein Tipp: Wenn Sie Ihre Wäsche schon zum Bügeln befeuchtet haben, die Arbeit aber nun doch nicht schaffen, legen Sie die feuchte Wäsche einfach in eine Plastiktüte. So ist sie selbst am nächsten Tag nicht ausgetrocknet und lässt sich noch gut bügeln.

Die wichtigsten Stoffe und wie man sie bügelt

Stoffart	Pflegetipp
Baumwolle	* Bügelwäsche nicht zu trocken werden lassen * am besten angefeuchtet mit Dampf bügeln
Dunova	Nicht bügeln!
Elasthan	Nicht bügeln!
Halbleinen	* am besten angefeuchtet mit Dampf bügeln
Leinen	* am besten angefeuchtet mit Dampf bügeln * dunkle Stücke von links bügeln, sonst glänzen sie
Polyacryl, z. B. Dralon, Orlon	* Strickwaren auf Bügeln trocknen * höchstens bei Einstellung »Wolle« bügeln

	* nicht dämpfen, Material verformt sich sonst * Falten unter einem Tuch bügeln
Polyacryl/Wolle	* bei Einstellung »Wolle« bügeln * Vorsicht mit dem Dampfbügeleisen
Polyamid, z. B. Nylon, Perlon, Antron	* bei Einstellung »Synthetik« bügeln
Polychlorid, z. B. Rhovyl, Thermorhovyl	Nicht bügeln!
Polyester, z. B. Diolen, Trevira	* Gardinen feucht aufhängen. Nicht bügeln! * Oberbekleidung bei Einstellung »Synthetik« bügeln
Polyester/Polyurethan, z. B. Alcantara und andere Veloursleder-imitate	* Nur unter Bügeltuch bügeln!
Polyester/Viskose Polyester/Baumwolle	* Nicht übertrocknen, sonst Knitterfalten! * bei Einstellung »Baumwolle« bügeln
Seide	* bei Einstellung »Seide« von links bügeln * Nicht feucht einsprengen, sonst Fleckenbildung!
Viskose	* besser tropfnass aufhängen * bei Einstellung »Seide« feucht von links bügeln
Wolle	* am besten liegend trocknen * Nicht bügeln!

Baumwolle

Baumwolle kann auf hoher Stufe gebügelt werden, wenn die Wäsche vorher angefeuchtet wurde.

- Baumwolle immer von links bügeln.
- Wollen Sie von rechts bügeln, dann vorher anfeuchten.
- Baumwolldecken bitte niemals bügeln!

- Quer verarbeitete Stoffe nur in Fadenlaufrichtung bügeln!
- Sämtliche Teile der Bettwäsche am besten von links bügeln. Sie können so einfacher wieder aufgezogen werden.
- Der Charakter von Kreppstoff bleibt erhalten, wenn Sie ihn auf einem Frotteetuch bügeln.

Leinen

Leinen muss nicht unbedingt gebügelt werden. Der Knitter-Look ist ja gerade das Schicke! Mit der Ausnahme, dass Stoffapplikationen angebracht sind. Sie werden von rechts gebügelt, damit es keine Maschenabdrücke gibt.

- Rein- und Halbleinen werden ziemlich feucht und bei hoher Temperatur gebügelt.
- Vorsicht bei Leinen-Viskose-Gemischen! Hier brauchen Sie nur eine geringe Bügeltemperatur.
- »Bügelleichtes« Leinen bleibt weitgehend glatt, auch nach dem Kochen und Schleudern.
- Leinen lässt sich auch ohne vorherige Wäsche gut aufbügeln, am besten mit einem Bügeltuch, darauf legen Sie noch ein feuchtes Tuch.
- Crinkle-Leinen und Leinen mit Crasheffekt nach dem Waschen am besten leicht anschleudern und dann auf Formbügeln trocknen. Pflegesymbole beachten!

Samt

Hängen Sie nasse Kleidungsstücke aus Samt auf einen Kleiderbügel und lassen Sie sie trocknen. Bitte niemals in der Nähe eines Ofens! Kurz bevor der Samt ganz trocken ist, bürsten Sie ihn mit einer weichen Bürste gegen den Strich.

- Am besten lässt sich Samt mit einem anderen Stück

Samt bürsten. Etwas anfeuchten und gegen den Strich reiben, so bekommen Sie auch Druckstellen weg.
- Samt kann man heute fast durchweg von links bügeln, darf aber nicht zu stark aufdrücken. Auf rechts ziehen und mit einer feinen Bürste nachbürsten.
- Besonders empfindlichen Samt an einem sehr heißen Eisen entlangziehen, ohne dass der Stoff die Platte des Bügeleisens berührt.
- Damit Samthosen keinen Glanz bekommen, stets von der linken Seite bügeln. Eventuell kann man den Stoff von rechts etwas aufbürsten.
- Zerdrückte Samtteile lassen sich wieder auffrischen, indem man die zerknitterte Stelle über Wasserdampf hält. Anschließend hängen Sie das Stück auf einem Bügel an die frische Luft.
- Einen fettig gewordenen Samtkragen reinigt man am besten mit Waschbenzin.
- Verstaubter Samt wird wieder schön sauber, wenn man die Kleiderbürste in Salz taucht und leicht über den Samt bürstet. Selbst ein altes Kleidungsstück wird wieder ansehnlich.

Seide

Seide dürfen Sie nicht mit Wasser einsprengen oder dämpfen, sonst bekommt sie Flecken. Am besten bügelt man mit einem mäßig warmen Eisen unter einem dünnen, trockenen Tuch.
- Man kann Seide von links auch in feuchtem Zustand oder mit einem Dampfbügeleisen bei geringer Hitze bügeln.
- Seidenkrawatten bügeln Sie mit einem kleinen Hilfsmittel. Schneiden Sie sich eine Pappe zurecht, die in die Krawatte geschoben wird. Danach mit einem feuchten Tuch bügeln. So wird der Stoff nicht blank.

Seide verdient eine besonders liebevolle Pflege:
- Wenn man Seide tragen will, darf man sich nie mit einem Bräunungsmittel eincremen. Seide reagiert wie die Haut und bräunt mit. Dasselbe gilt für Haarfärbemittel, die nicht gründlich ausgewaschen wurden, oder die Verwendung von Farbfestiger. Diese Flecken kann selbst der beste Reinigungsbetrieb, wenn überhaupt, nur schwer und ohne Garantie entfernen.
- Sprühen Sie Parfüm nie direkt auf Seidenkleidung. Dies kann zu Verfärbungen führen, denn manchmal ist Parfüm ölhaltig.
- Schützen Sie das feine Seidengewebe durch Armblätter, wenn Sie sehr leicht transpirieren oder Deodorants benutzen.
- Wenn Sie Broschen tragen, wischen Sie am besten die Nadel mit Eau de Cologne oder Alkohol ab, um Einstichflecke zu vermeiden. Achten Sie bei Ketten und Armbändern auf spitze Unebenheiten, denn diese könnten den Stoff aufrauen.
- »Reinseidenes« liebt frische Luft. Gönnen Sie ihm auf einem guten Formbügel, aber regen- oder sonnengeschützt, nach dem Tragen ein Luftbad.
- Hängen Sie bitte nicht, wie manchmal empfohlen, ein Seidenkleid in das dampffeuchte Bad. Manche Seidenarten nehmen dies übel und »wehren« sich mit Knitterfalten.
- Beim Weghängen sollten Sie Seide niemals in Plastiksäcke einsperren, denn Seide braucht Luft! Ein Schutz für Kragen und Schultern genügt – oder nehmen Sie einen textilen, luftdurchlässigen, leichten Überzug, der unten offen ist.
- Ausbesserungen sollten nur mit Reinseidengarn und

sehr dünner Nadel ausgeführt werden. Das gilt auch für das Annähen von Knöpfen. Kleidung also nicht zu eng kaufen!
- Hängen Sie angeschmutzte oder fleckige Kleidung nie in den Schrank. Der Grund: Nach kurzer Zeit wird es in Ihrem Schrank muffeln und unangenehm riechen.
- Pflegehinweise auf eingenähtem Etikett oder Anhänger bitte genau befolgen!

Wolle

- Dürfen Ihre Wolltextilien gebügelt werden, so benutzen Sie am besten ein Dampfbügeleisen. Haben Sie keines zur Hand, dann legen Sie ein feuchtes Tuch über das Kleidungsstück, um Glanzstellen zu vermeiden.
- Wolle bügelt man bei mittlerer Hitze unter einem Tuch. Stricksachen zuvor in Form bringen.

Omas Bügeltipps

- Bügelfalten halten länger, wenn man sie von innen in den Knickfalten mit Kernseife einreibt und anschließend von außen mit einem feuchten Tuch nachbügelt.
- Bunt bestickte Decken bügeln Sie am besten von links mit einem mit Essig befeuchteten Tuch so lange, bis das Tuch trocken ist. Die Stickerei kommt dabei gut heraus und die Farben werden durch den Essig frisch.
- Perlenstickereien bügelt man am besten von der linken Seite. Außerdem sollten sie auf Frotteestoff liegen. Die Perlen drücken sich dann in den Frotteestoff und die Zwischenräume werden schön glatt.

- Ein bis zwei Tropfen Ihres Lieblingsduftes (bitte nur Eau de Toilette und kein Parfüm!) ins Wasser des Dampfbügeleisens geträufelt und die Wäsche riecht herrlich danach.
- Angesengte Stellen spült man sofort mit kaltem Wasser aus. Dann streut man Salz darauf und hängt das Stück zum Trocknen auf.
- Wäschestücke, die beim Bügeln etwas angesengt wurden, braucht man nicht neu zu waschen. Wenn man die gelblichen Stellen mit etwas Zwiebelsaft einreibt oder mit Boraxwasser betupft, verschwinden die Flecken sofort. Mit kaltem Wasser nachwaschen.
- Beim Bügeln versengte Stellen lassen sich mit Zitronensaft, der dick mit Puderzucker bestreut wird, entfernen. Später mit klarem Wasser auswaschen.

Die besten Bügeltipps für Anfänger und Fortgeschrittene

Hosen und Röcke

- Bügelfalten halten länger, wenn Sie den Stoff vorher von der linken Seite besprühen. Bügeln Sie dann alles mit den entsprechenden Temperaturen und von rechts.
- Dämpfen Sie Hosen mit klarem Essigwasser. So behalten sie ihre Form länger.
- Wenn Sie den Stoff mit Wäschestärke von der Innenseite im Faltenbruch der Hose einsprühen, antrocknen lassen und dann wie üblich bügeln, halten die Bügelfalten länger.
- Faltenröcke bügeln sich leichter, wenn Sie die Falten vorher mit Büroklammern zusammenheften.

⌓ Sie schonen ein Kleidungsstück aus Flanell, indem Sie es immer mit einem feuchten Tuch bügeln. Der Stoff bekommt dann auch keine glänzenden Stellen.
⌓ Hängen Sie Anzüge vor dem Aufdämpfen über Nacht an die frische Luft. Wenn es nebelig war (oder bei Sprühregen), erleichtert dies am nächsten Tag das Aufdämpfen.

Eine Hose richtig bügeln
- Falten Sie die Hose längs, so dass die vier Nähte der beiden Hosenbeine übereinander liegen. Reißverschlüsse und Knöpfe schließen.
- Das obere Hosenbein über den Bund hochschlagen. Nun die Innenseite des unteren Hosenbeins und die Falten vom Bund bis zur Schlitzmitte bügeln. Das Bügeleisen am Hosenbund entlangführen.
- Die Hose umdrehen und die zweite Hosennaht auf die gleiche Art bügeln. Heben Sie ein Hosenbein hoch. Bedampfen Sie die Innenseiten und den Schritt, während Sie ganz leicht mit der Bügeleisensohle am Stoff entlangfahren.
- Ziehen Sie die Hose mit dem Bund über die Schmalseite des Bügeltisches bis über die Hosentasche. Bügeln Sie von unten nach oben, in die Bundfalten hinein. Drehen Sie die Hose, bis Sie einmal rund um den Bund gebügelt haben.
- Hose auf einen Bügel hängen und auskühlen lassen.

Blusen und Hemden

⌓ Bei Herrenhemden und Hemdblusen bügeln Sie zuerst den Kragen von links, dann von rechts, danach die Passe. Anschließend die Manschetten von beiden Seiten und die Ärmel. Die Ärmelfalten müssen hinten am Kragen, in der Höhe der Passe, auftreffen.

- Legen Sie jetzt die Vorderteile auseinander und bügeln Sie den Rücken von innen und außen. Zuletzt werden die Vorderteile gebügelt und das Hemd bzw. die Bluse zugeknöpft.
- Knopfleisten von Blusen und Hemden bügelt man am besten auf einer weichen Unterlage (z. B. einem Frotteetuch), weil sich die Knöpfe dann nicht durchdrücken.

Pullover

- Paillettenapplikationen auf Pullis und T-Shirts werden nicht beschädigt, wenn man beim Bügeln Küchenkrepp darauf legt.
- Nickipullover bekommen keine »Spiegel« (glänzende Stellen), wenn man sie umdreht und von links bügelt.

Ein Kleid richtig bügeln
- Bei Kleidern mit Ärmeln verwenden Sie grundsätzlich besser ein Ärmelbrett, denn Bügelfalten in Kleidern sind eher ungewöhnlich.
- Die Ärmel werden rundgebügelt, also über das Brett gezogen. Am besten beginnt man an der Naht. Nach jedem Bügelschritt wird der Ärmel ein Stück weitergedreht, bis man wieder am Anfang angelangt ist. Die Bündchen auch hier erst von innen bügeln, dann die Außenseite.
- Zum Bügeln des Oberteils das Kleid so weit wie möglich über den Bügeltisch ziehen. Beginnen Sie mit dem Oberteil und führen Sie das Bügeleisen von der Taille

aus nach oben zum Ausschnitt oder zu den Trägern. Das Kleid vorsichtig nach und nach drehen und das Vorderteil besonders aufmerksam bügeln.
- Anschließend das Kleid vom Bügeltisch nehmen und mit dem unteren Saum in Richtung Bügeleisenablage wieder über den Bügeltisch ziehen. Nun bügeln Sie das Kleid vom Saum nach oben bis zur Taille.

Damit beim nächsten Mal alles glatt geht

- Um die Gleitfläche eines verklebten Bügeleisens wieder glatt und sauber zu bekommen, kann man das kalte Eisen entweder eine Weile auf ein mit Essig getränktes Tuch stellen und dann damit abreiben oder mit dem heißen Eisen über ein mit Salz bestreutes Stück Papier fahren.
- Sehr gut eignet sich zum Reinigen des Bügeleisens einfaches Backofenspray. Sprühen Sie etwas davon auf das noch warme Bügeleisen und wischen Sie es nach kurzer Einwirkzeit ab.
- Um Ablagerungen im Bügeleisen von Zeit zu Zeit zu entfernen, füllen Sie es zu gleichen Teilen mit Wasser und Essig. Nach dem Einschalten warten, bis es zu dampfen beginnt, dann abschalten. Eine Stunde einwirken lassen. Anschließend gründlich mit klarem Wasser nachspülen.
- Lassen Sie vor dem Bügeln das Dampfbügeleisen zwei- bis dreimal abdampfen. So können eventuelle Kalkreste herausrieseln.
- In der Waschmaschine kann sich mit der Zeit fetthaltiger Schmutz ablagern und einen muffigen Geruch

entwickeln. In einem solchen Fall lassen Sie die Waschmaschine mit einem Kochwaschgang ohne Wäsche und der Zugabe von Vollwaschmittel laufen. Fetthaltiger Schmutz lagert sich nur dann ab, wenn Sie das Waschmittel zu niedrig dosieren. Der Schmutz wird dann zwar teilweise von den Textilien gelöst, kann sich jedoch aus der Waschlauge wieder auf dem Stoff und in der Waschmaschine absetzen und verteilen. Achten Sie also stets auf die richtige Dosierung!

Unser moderner Wäscheschrank

Mal ehrlich, was haben Sie so alles in Ihrem Kleiderschrank? Wirklich nur Kleidung? Nicht auch so manchen Krimskrams, für den Sie anderswo keinen Platz finden konnten? Oder sind Sie etwa so ordentlich, dass Sie Ihre Kleidung, Unterwäsche, Handtücher und Bettwäsche fein säuberlich gestapelt bzw. aufgehängt aufbewahren? Schön für Sie, und damit sind eigentlich unsere folgenden Tipps, zumindest für Ihre Person, überflüssig. Alle anderen jedoch dürfen weiterlesen!

Kaum jemand hat wohl Platz für einen riesigen begehbaren Schrank, wie man ihn in fast jedem Hollywoodfilm bestaunen kann und der ein Wunschtraum wohl jeder Frau ist. Es muss wirklich herrlich sein, endlich mal Platz zu haben für alle Kleidungsstücke! Meist sieht es jedoch anders aus: Dicht an dicht hängen die Kleider, Blusen, Hemden, Röcke und Hosen im Schrank, darüber sind Pullover und Sweatshirts gestapelt, unten in den Schubladen Unterwäsche und Socken verstaut. Kein Wunder, dass so manches Kleidungsstück zwar frisch gewaschen und gebügelt ist, aber trotzdem eine ganze Menge Knitterfalten hat, wenn man es aus dem Schrank holt. Natürlich gerade dann, wenn man es anziehen möchte. Besser machen Sie es wie folgt:

- Nach dem Bügeln lässt man die Wäsche in einem warmen Raum zum Nachtrocknen noch etwas liegen. Man vermeidet so, dass sich Falten bilden und die Wäsche im Schrank modert.
- Um Stockflecken zu vermeiden, lassen Sie Ihre Wäsche nach dem Bügeln einige Zeit an der »frischen Luft« liegen, bis sie völlig trocken ist.
- Stoff muss »atmen«! Pressen Sie Ihre Kleidung nicht zu eng in den Schrank. Kann der Stoff nicht atmen, bekommt er Knitterfalten.
- Strickwaren oder Jerseykleider sollten Sie nie längere Zeit auf Haken hängen, da sie sich sonst verziehen. Legen Sie diese stattdessen sorgfältig zusammen und achten Sie darauf, dass nicht zu viele Kleidungsstücke übereinander liegen.
- Kleidungsstücke aus Seide dürfen Sie nicht falten. Lieber hängend oder zusammengerollt aufbewahren!
- Dünne Drahtbügel (das sind die aus der Reinigung!) sind nicht dazu geeignet, um für längere Zeit Kleider oder Anzüge darauf aufzuhängen. Gute Bügel sollten den Kleidungsstücken angepasst sein, damit diese nicht außer Form geraten.
- Decken Sie Kleidungsstücke, die Sie selten tragen, mit Plastiküberzügen oder alten Leintüchern ab.
- Abendkleider sollten Sie mit der Innenseite nach außen aufhängen, dann verschmutzen sie nicht so leicht.
- Hängen Sie Faltenröcke mit dem Futter nach außen in den Schrank. So bleiben die Falten schön in Form.
- Stopfen Sie nicht zu viele Pullover in die Schubladen. Die Wollfasern können beschädigt werden und dauerhafte Knitterfalten wären die Folge.

- Haart Ihr Angora- oder Mohairstück zu sehr, dann legen Sie es in einem Plastiksack einige Zeit in den Gefrierschrank, bevor Sie es anziehen.
- Klemmt der Reißverschluss, so reiben Sie den geöffneten Zipp mit Seife oder einem Kerzenstummel ein.
- Woll- und Pelzsachen sind, in Zeitungspapier gewickelt, mottensicher aufgehoben. Motten meiden nämlich Druckerschwärze!
- Werfen Sie leere Parfümflaschen nicht weg, sondern legen Sie die Fläschchen geöffnet in den Kleiderschrank. Sie spenden noch lange herrlichen Duft.

Gefährliche Schädlinge im Wäscheschrank

Motten sind wahrlich eine unangenehme Sache, doch man kann sich davor schützen.

- Kleidermotten befallen Stoffe mit einem Wollanteil von mindestens 20 Prozent sowie Wolle, Wollteppiche, Pelze und Federn. Ihre Raupen fressen Löcher und Kahlstellen, die unregelmäßig ausgefranst aussehen.
- Kleidermotten ernähren sich auch von Hautschuppen und dem Staub in der Wohnung. Also hängen Sie keine ungewaschene Kleidung in den Schrank.
- Pelzmotten kommen vor allem an der See vor und bevorzugen kühle und feuchte Räume. Sie legen ihre Eier ebenfalls in Pelzen und an Wollstoffen ab, richten ähnlichen Schaden an wie Kleidermotten.
- Motten mögen keine intensiven Gerüche, sondern sind sehr empfindlich dagegen. Wer also im Kleiderschrank den Duft von Lavendel, Zedernholz, Steinklee, Holunderholz, Nelken oder auch Kaffeebohnen verbreitet, wird von Motten verschont bleiben.

Was man gegen Motten tun kann
- Finden Sie den Ausgangspunkt der Motten: im Schrank, hinter dem Schrank, eventuell in einem Pelz. Saugen oder bürsten Sie die Kleidung ab, um alle Eier und Larven der Motten zu entfernen.
- Waschen Sie alle Kleidungsstücke so bald wie nur möglich. Auch Bügeln vernichtet die gefräßigen Schädlinge.
- Im Winter sollten Sie eine längere Kälteperiode nutzen und von Motten befallene Kleidung bei minus zehn Grad nachts ins Freie und tagsüber wieder in die Wärme hängen. Diese Prozedur wiederholen Sie am besten mehrmals! Die meisten Motten überleben diesen Temperaturwechsel nicht.

Omas Tipps gegen Motten

- Legen Sie Leinensäckchen mit Kräutern gefüllt zwischen die Wäsche. Lavendel oder getrocknete Zitronenschalen sind Düfte, die Motten vertreiben.
- Ein ganz einfaches Mittel ist Kernseife, die Sie zwischen die Wäschestücke legen.
- Ein beliebtes und uraltes Mittel gegen Motten in Kleidung und Schrank sind Gewürznelken. Verteilen Sie einige davon in den Schrankfächern. Gewürznelken riechen aromatisch-würzig und halten so Motten fern.
- Am besten ist natürlich – wie in früheren Zeiten und bei »höheren Ständen« üblich – ein Kleider- und Wäscheschrank aus Zedernholz. Der Geruch dieses Holzes zieht Motten erst gar nicht an. Allerdings gehört Zedernholz nicht gerade zu den billigen Holzsorten. Vielleicht behelfen Sie sich daher besser mit Zedernholzringen,

die Sie über jeden Kleiderbügel streifen oder mit kleinen Zedernholzstückchen, die Sie in Ihrem Wäscheschrank verteilen.

👍 Klementines Extratipps 👍

- Immer darauf achten, dass der Schleudergang entsprechend den Pflegehinweisen eingestellt ist.
- **Bügelfreies nur kurzschleudern, dann gibt es keine Knitterfalten.**
- Ausreichend lange schleudern, so trocknet die Wäsche besser.
- **Beim Aufhängen auf der Wäscheleine darauf achten, dass alles glatt hängt.**
- Kleidung, die sich leicht verzieht, auf Kleiderbügeln trocknen lassen.
- **Wollsachen immer liegend trocknen.**
- Wäsche »bügelfeucht« trocknen lassen oder vor dem Bügeln mit warmem Wasser anfeuchten.
- Zuerst Wäschestücke mit geringerer Temperatur bügeln, dann Kleidung, die mehr Hitze verträgt.
- **Beim Bügeln auf empfindliche Stoffe achten! Manche Falten verschwinden, wenn man das Kleidungsstück über Nacht an der frischen Luft oder während des Duschens im Dampf hängen lässt.**
- **Wäsche glatt aufs Bügelbrett legen und dann langsam, ohne großen Kraftaufwand, mit dem Bügeleisen glätten.**
- **Doppelte Teile (Manschetten, Kragen, Knopfleisten) erst von links, dann von rechts bügeln.**
- **Erst doppelte Teile bügeln, dann glatte, »einfache« Flächen. Danach alle »weghängenden« Teile – also Ärmel, Bänder, Rüschen etc.**

- Wäsche »von sich weg« bügeln, sonst wird bereits Gebügeltes wieder zerdrückt.
- Wäsche trockenbügeln und dann über einem Wäscheständer oder am Kleiderbügel abkühlen lassen, bevor sie in den Schrank kommt.
- Wäsche so schrankfertig falten, dass man sie gut stapeln kann und sie keine Falten bekommt.
- Kleidung im Schrank nicht zu eng hängen.
- Lavendelsäckchen im Schrank aufhängen. Das duftet und schützt gegen Motten.
- Hin und wieder Bügeleisen und Waschmaschine reinigen.

Wäschetrocknen: Das ultimative Fitnessprogramm

Gehören Sie auch zu den Menschen, die Woche für Woche in eine Mucki-Bude rennen? Hören Sie damit auf! Denn am Ende ist nur Ihr Geld weg, Ihr Schwimmring aber immer noch dran. Ich habe ein viel, viel besseres Fitnessprogramm für Sie: Wäscheaufhängen. Sofern Sie beim Trocknen noch auf die gute alte Handarbeit setzen und ohne diese neumodischen Geräte auskommen, die jede Menge heiße Luft absondern. Denn Wäscheaufhängen wie anno dazumal ist richtiger Sport:

1. Stretching: Bevor Sie richtig loslegen, sollten Sie sich zunächst ein bisschen aufwärmen. Am besten im Garten oder auf dem Balkon. Sehr gut für Dehnübungen geeignet, ist eine Wäscheleine, die in einer Höhe von rund 40 Zentimeter über Ihrem Kopf gespannt sein sollte. Somit wird Ihre komplette Rücken- und Rumpfmuskulatur bei jedem Stück gestreckt. Mit Wäscheständern erzielen Sie längst

nicht diesen guten Effekt. Aber diese zusammenklappbaren Gestelle sind in jedem Fall dem Wäschetrocknen auf diversen Möbelstücken vorzuziehen. Davon sollten Sie die Finger lassen. Zum einen versperrt Ihnen ein über dem Fernseher liegendes Mieder der Größe 56 die Sicht aufs Programm, zum anderen bewirken nasse Klamotten, die Sie auf dem Sofa ausgebreitet haben, Schimmelbildung. Ausnahme: Schlafzimmer. Über die Nachttischlampe gehängte Kleidungsstücke (bei der Farbauswahl empfehle ich Rot) sorgen in gewissen Stunden für prickelnde Atmosphäre und den besonderen Reiz. Dringend abraten hingegen muss ich Ihnen vom Wäschetrocknen im Schrank. Diese Art des Trocknens hat nichts mit dem Begriff »schrankfertig« zu tun und beinhaltet ein hohes Muffel-Risiko.

2. Gewichtheben: Sie wollen in die Sphäre der stärksten Männer der Welt vordringen, die im Zweikampf über 400 Kilo reißen und stoßen? Dann müssen Sie den Wäschekorb, der inklusive Inhalt je nach Beschaffenheit (Holz oder Plastik) zwischen zwölf und 16 Pfund wiegt, rund 30-mal zur Hochstrecke bringen. Dabei immer schön in die Knie gehen, Oberkörper leicht nach vorn beugen und die Last nah am Körper hochheben. Eins, zwei, eins, zwei ...

3. Tauziehen: Bettwäsche sollten Sie vor dem Aufhängen zunächst in Form bringen. Eine prima Partnerübung. Der eine fasst das Laken links, der andere rechts, auf das Kommando »Ziiieeehhh!!!« einer dritten, unabhängigen Person geht's los. Haben Sie Kinder (Freunde tun's auch), können Sie auch als Mannschaften antreten. Der Sohnemann zieht mit Mama, das Töchterchen hilft Papa. Hau ruck, hau ruck ...

4. Waschprobleme

Sie haben bis jetzt so viel an Wissen rund ums Waschen, Trocknen, Bügeln angesammelt – und da soll's plötzlich Pannen geben? Nicht mit Ihnen! Waschprobleme – unmöglich! So was können Sie sich jetzt, nachdem Sie bis hierher gelesen haben, nicht mehr vorstellen! Sie wollen sich's auch gar nicht vorstellen, meinen Sie? Sie hoffen allerdings inständig, dass Ihnen das nicht passiert ...

Als moderner Mensch kennen Sie sicher Murphys Gesetz: »Alles, was schief gehen kann, wird schief gehen.« Auf die große Wäsche übertragen: »Um etwas sauber zu machen, muss etwas anderes dreckig werden.« Nun erhebt sich natürlich die Frage: Was wird bei Ihnen daheim schmutzig, damit Ihre Wäsche sauber wird?

- Manchmal haben Sie sicher Glück und alles kommt sauber und rein aus der Maschine.
- Sie haben nur die üblichen Arbeiten zu erledigen: trocknen, bügeln, im Schrank verstauen.
- An anderen Tagen jedoch erkennen Sie Ihre frisch gewaschene Wäsche kaum wieder!
- Dann kommt erst richtig Arbeit auf Sie zu: Neben dem »Üblichen« müssen Sie Ihre Wäsche unter Umständen entfärben, Flecken entfernen, Löcher und Risse ausbessern.

Wie es dazu kommen kann? Tja – auch Waschmaschinen haben ein Eigenleben. Und wenn das dann mit ein paar eigentlich unbedeutenden Fehlern Ihrerseits zusammentrifft, kommt es zur Wäsche-Katastrophe. Es muss nicht unbedingt sein, dass Sie nicht aufgepasst haben und Ihre Wäsche sich deshalb in zartem Rosa oder Hellblau präsentiert.

Was alles mit der Wäsche passieren kann

Haben Sie etwa einen Fehler gemacht? Das kann natürlich nicht sein. Obwohl, wenn Sie genauer darüber nachdenken ... Oder ist Ihre Waschmaschine »schuld«? Haben Sie's nicht immer schon gesagt: »Die spinnt eben hin und wieder!«

Ganz gleich, aus welchen Gründen Sie Ihre Wäsche nicht sauber und rein, fleckenlos und blütenzart aus der Trommel holen, hier sind Klementines ultimative Tipps zum Umgang mit Waschpannen.

Wenn Sie Ihre Waschmaschine nicht im Griff haben

Flecken vom Weichspüler
Auf Ihrer Wäsche sind plötzlich Flecken, die wie Fett oder Wachs aussehen.
Ursache Nr. 1
- Sie haben zu viel Weichspüler in die Einspülkammer der Maschine gegeben.

So vermeiden Sie Ursache Nr. 1
- Niemals die in der Einspülkammer angegebene Markierung für Waschmittel überschreiten.

Ursache Nr. 2
- Sie haben das Antistatiktuch erst nach Beginn des Trocknungsvorganges in die Maschine gelegt. Deshalb konnten sich alle Weichmacher auf dem ersten warmen Kleidungsstück ablagern, mit dem sie in Berührung kamen.

So vermeiden Sie Ursache Nr. 2
- Antistatiktuch bereits vor Beginn des Trockenvorganges zusammen mit der nassen Wäsche in die Maschine geben.

So behandeln Sie das Problem
- Mit Flüssigwaschmittel vorbehandeln. Anschließend unter Berücksichtigung der Pflegesymbole normal waschen.

Farbflecken auf dunklen Textilien
Auf dunklen oder empfindlichen Textilien sind Farbflecken zu sehen, deren Zusammensetzung (z. B. braun, blau, rot) sich je nach ursprünglicher Farbe des Stückes ändern kann.
Ursache Nr. 1
- Sie haben die Waschmaschine zu voll beladen. Deshalb konnte sich das Pulver nicht richtig auflösen und hat die Textilien stellenweise ausgebleicht.

So vermeiden Sie Ursache Nr. 1
- Machen Sie die Maschine nicht zu voll. Nur so können Sie sicher sein, dass sich das Pulver richtig auflöst und nicht auf empfindlichen farbigen Stoffen kleben bleibt.

Ursache Nr. 2
- Der Stoff ist vor dem Waschen mit Hypochlorit (das ist z. B. in vielen Putz- oder Desinfektionsmitteln für Küche oder Bad enthalten) in Berührung gekommen.

So vermeiden Sie Ursache Nr. 2
- Achten Sie darauf, Textilien vor dem Waschen nicht auf feuchte, frisch geputzte Unterlagen zu legen.

So behandeln Sie das Problem
Hier heißt es: »Vorher Vorsicht walten lassen!« Denn oft lassen sich solche Flecken nicht mehr entfernen. Waschen Sie die Wäsche am besten noch einmal durch und halten Sie sich genau an die Pflegehinweise.

Flecken, die durch den Dichtungsring des Bullauges an Ihrer Waschmaschine entstanden sind
Dabei handelt es sich um graue Flecken, die sich gummiartig anfühlen. Oft reißen die Textilien außerdem noch ein.

Ursache
- Sie haben die Maschine überladen. Die Textilien wurden gegen die Türdichtung gedrückt und während des Schleuderns zwischen dieser und der Trommel eingeklemmt.

Wie Sie diese Flecken vermeiden
- Füllen Sie die Maschine nicht zu voll.

So behandeln Sie das Problem
- Die grauen Flecken können mit Flüssigwaschmittel vorbehandelt werden. Anschließend wird die betroffene Wäsche unter Berücksichtigung der Pflegesymbole normal gewaschen. Falls die Fasern beschädigt wurden, gibt es keine Möglichkeit der Behandlung.

Ihre Waschmaschine schäumt über

Manchmal produzieren Waschmittel zu viel Schaum. Im Extremfall wird dieser sogar aus der Maschine gedrückt.

Ursache Nr. 1
- Zum Überschäumen kommt es, sobald bei weichem Wasser zu viel Waschmittel für nur leicht verschmutzte Wäsche verwendet wird.

Ursache Nr. 2
- Sie haben zu viel Waschmittel verwendet und zudem eines, das zu wenig Bestandteile enthält, welche die Schaumbildung der Waschmittel unterdrücken.

So vermeiden Sie beide Ursachen
- Befolgen Sie immer die Dosierungsempfehlungen des Herstellers. Berücksichtigen Sie dabei die Wasserhärte und den Verschmutzungsgrad der Wäsche.

So behandeln Sie das Problem
- Verwenden Sie immer die richtige Menge Waschmittel. Berücksichtigen Sie dabei die Härte des Wassers und den Verschmutzungsgrad der Wäsche.

Unangenehmer Geruch in der Waschmaschine

In der Maschine können sich Fusseln, Schmutz- oder Fettreste ansammeln, die unangenehmen Geruch verursachen.

Ursache Nr. 1
- Es wird immer wieder zu wenig Waschmittel in die Maschine gegeben, so dass der Schmutz nicht völlig beseitigt werden kann.

So vermeiden Sie Ursache Nr. 1
- Verwenden Sie je nach Verschmutzungsgrad, Wasserhärte und Wäschemenge die jeweils empfohlene Waschmittelmenge.

Ursache Nr. 2
- Es werden fast ausschließlich Produkte ohne Bleichmittel (z. B. für farbige Textilien) oder Flüssigwaschmittel verwendet.

So vermeiden Sie Ursache Nr. 2
- Lassen Sie einmal monatlich einen Servicedurchgang laufen, bei dem Sie ein Produkt verwenden, das Bleichmittel enthält.

Ursache Nr. 3
- Es wird fast immer bei niedrigen Temperaturen gewaschen.

So vermeiden Sie Ursache Nr. 3
- Lassen Sie einmal monatlich einen Servicedurchgang laufen, für den Sie eine hohe Temperatureinstellung wählen.

Ursache Nr. 4
- Die Waschmaschine wird nicht richtig gewartet.

So vermeiden Sie Ursache Nr. 4
- Nach dem Waschen die Türdichtung abwischen und die Tür offen lassen.

So behandeln Sie alle vier Probleme
- Lassen Sie einen Servicedurchgang laufen (bei leerer

Maschine und einer Temperatureinstellung von mindestens 60 °C). Verwenden Sie dazu ein Vollwaschmittel, das Bleichmittel enthält.

Waschmittelrückstände
Streifenförmige Ablagerungen von weißem, feinem Pulver stammen von Waschmittelresten, die sich bis Ende des Waschvorgangs nicht gelöst haben.
Ursache Nr. 1
◆ Sie haben die Waschmaschine zu voll und fest gefüllt, so dass sich das Pulver nicht völlig auflösen konnte.
So vermeiden Sie Ursache Nr. 1
◆ Laden Sie die Maschine nicht zu voll, damit sich die Kleidungsstücke während der Umdrehungen frei bewegen können.
Ursache Nr. 2
◆ Die verwendete Waschmittelmenge war unzureichend.
So vermeiden Sie Ursache Nr. 2
◆ Einige Waschmittel in Pulverform reagieren mit den in hartem Wasser enthaltenen Mineralien und bilden so einen weißlichen Schleier, der leicht mit ungelöstem Waschmittel verwechselt werden kann. Das vermeiden Sie, wenn Sie die richtige Waschmittelmenge verwenden.
Ursache Nr. 3
◆ Niedriger Wasserdruck in den Leitungen kann zur Folge haben, dass ein Teil des Waschmittels nicht aus der Einspülkammer gespült wird, während das Wasser beim Hauptwaschgang in die Maschine fließt. So kann Waschmittel erst im Zuge des Spülvorganges in die Maschine gelangen.
So vermeiden Sie Ursache Nr. 3
◆ Vergewissern Sie sich, dass das Waschmittel zur Hauptwäsche völlig in die Maschine gespült wird.

So behandeln Sie alle drei Probleme
- Waschen Sie die betroffenen Textilien ein weiteres Mal ohne Waschmittel und mit geringer Beladung.
- Sind Pulverrückstände ein wiederkehrendes Problem, so verwenden Sie am besten ein Flüssigwaschmittel.

Wenn die Wäsche beschädigt ist

Beschädigung durch Putzmittel oder Kosmetikprodukte

Die Wäsche hat sich stellenweise verfärbt oder die Farben sind verblasst. An solchen Stellen kann sich auch die Gewebestruktur verändert haben: Sie ist brüchig oder weist vielleicht sogar Löcher auf.

Ursache Nr. 1
- Ihre Wäsche wurde möglicherweise durch chlorhaltige Desinfektions- oder Bleichmittel beschädigt.

So vermeiden Sie Ursache Nr. 1
- Versuchen Sie zu verhindern, dass Ihre Textilien mit Putzmitteln in Berührung kommen.

Ursache Nr. 2
- Ihre Wäsche könnte mit dem beispielsweise in Mitteln gegen Akne enthaltenen Peroxyd in Berührung gekommen sein.

So vermeiden Sie Ursache Nr. 2
- Waschen Sie Ihre Hände nach der Verwendung von Mitteln gegen Akne und vor dem Abtrocknen gründlich!

Ursache Nr. 3
- Haarpflegemittel könnten mit Ihrer Wäsche in Kontakt gekommen sein.

So vermeiden Sie Ursache Nr. 3
- Spülen Sie Ihre Haare gründlich aus, bevor Sie sie mit dem Handtuch abtrocknen.

So behandeln Sie das Problem
- Hier heißt es: »Vorher Vorsicht walten lassen!« Denn oft lassen sich solche Flecken nicht entfernen. Waschen Sie die Wäsche am besten noch einmal durch und halten Sie sich genau an die Pflegehinweise. Achtung! Wurden Textilien durch Hypochlorit (Desinfektions- und Bleichmittel) beschädigt, können sie nicht neu eingefärbt werden.

Schimmelflecken auf der Kleidung
Manchmal treten nach der Wäsche kleine, dunkle Flecken auf, manchmal nicht nur vereinzelt, sondern in größerer Anzahl und möglicherweise auch Rot- und Grünschattierungen.
Ursache
- Das Wäschestück konnte längere Zeit nicht trocknen. Dann kommt es zu Schimmelpilzbefall. Vor allem, wenn z. B. Dampf, Wärme und fehlende Luftzirkulation hinzukommen. Schimmel wächst schnell auf Wolle, Baumwolle und Leinen und kann der Grund für die Fäulnis der Faser sein.

Wie Sie solche Flecken vermeiden
- Waschen Sie schmutzige, feuchte Kleidungsstücke umgehend. Sollte die Zeit dafür fehlen, so schnell wie möglich trocknen, bevor sie in den Wäschekorb kommen. Gewaschene Wäsche sofort trocknen.

So behandeln Sie das Problem
- Einzige Möglichkeit ist der Einsatz von Bleichmitteln (Chlor- oder Sauerstoff-Bleiche). Auf farbigen Stoffen darf nur Sauerstoff-Bleiche (z. B. Acè Milde Bleiche) verwendet werden; oft ist der Fleck aber nicht zu entfernen.
- Anschließend waschen Sie die Textilien unter Berücksichtigung der Pflegesymbole.

◆ Sind allerdings die Fasern im Gewebe bereits brüchig, so gibt es für diese Behandlung keine Erfolgsgarantie.

Beschädigung von Wolle und Seide

Seide wird normalerweise zuerst im Bereich der Nähte brüchig, denn diese Stellen sind durch die Einstiche schwächer. Wolle zeigt eine veränderte Faserstruktur, die zu Größenänderungen und brüchigen Fasern führt.

Ursache

◆ Die Beschädigung wird durch die in biologischen Vollwaschmitteln enthaltenen Enzyme hervorgerufen.

So vermeiden Sie diese Schäden

◆ Verwenden Sie spezielle Feinwaschmittel.

So behandeln Sie das Problem

◆ Diese Schäden sind leider nicht zu reparieren! Sie entstehen, wenn Sie Wolle oder Seidenfasern mit biologischen Waschmitteln waschen. Solche Vollwaschmittel enthalten Enzyme. Sie greifen Wolle und Seide an und lassen sie brüchig werden. Es empfiehlt sich daher, Wolle und Seide mit einem speziellen Produkt für Feinwäsche zu waschen. Die meisten biologischen Waschmittel sind mit dem Hinweis versehen, dass sie nicht für solche empfindlichen Textilien geeignet sind.

Zu heiß gewaschene Kunstfaser

Synthetische Fasern (Nylon, Acryl etc.) wirken stark zerdrückt und diese Falten lassen sich auch durch Bügeln nicht richtig glätten. Selbst nach dem Bügeln kommt es wieder zur Faltenbildung, falls Ihre Wäsche mit Wasser in Kontakt kommt.

Ursache

◆ Die spezielle Struktur der Kunstfaser ist der Grund für die Faltenbildung. Die Fasern werden beim Waschen bei zu hohen Temperaturen immer wieder beschädigt.

So vermeiden Sie diese Schäden
- Beim Waschen immer die in den Textilien angeführten Pflegesymbole beachten.
- Kunstfasern sollten nicht zu heiß gewaschen werden.

So behandeln Sie das Problem
- Leider haben Sie Pech! Die Faltenbildung nach zu heißer Wäsche ist nicht zu reparieren. Allerdings kann es helfen, die Falten nach jedem Waschdurchgang zu bügeln.

Rissige Textilien

Sie holen Ihre Wäsche aus der Maschine und entdecken Löcher und Risse im Gewebe.

Ursache Nr. 1
- Möglicherweise haben Sie Bleichmittel verwendet. Manche Mittel sind sehr scharf und können Textilien beschädigen.

So vermeiden Sie Ursache Nr. 1
- Seien Sie vorsichtig im Umgang mit Bleichmitteln. Treten jedoch solche Beschädigungen an Manschetten, Kragen, Bund und Säumen auf, kann es sich auch um normale Verschleißerscheinungen handeln.

Ursache Nr. 2
- Durch raue Stellen in Ihrer Waschmaschine können in Ihrer Wäsche immer wieder Risse auftreten.

So vermeiden Sie Ursache Nr. 2
- Überprüfen Sie, ob Ihre Waschmaschine in der Trommel raue Stellen aufweist. Checken Sie außerdem, ob der Abstand zwischen Trommel und Türdichtung nicht zu knapp ist. Möglicherweise können hier Textilien eingeklemmt und zerrissen werden.

Achtung: Zu rissiger Wäsche kann es auch kommen, wenn

Sie Ihre Wäsche nicht mit der nötigen Sorgfalt in die Maschine geben. Größere Schäden können Sie vermeiden, wenn Sie Textilien, die bereits kleine Risse aufweisen, vor dem Waschen in der Maschine ausbessern. Sonst kann der Riss oder das Loch größer werden. Sortieren Sie Ihre Wäsche deshalb sorgfältig und waschen Sie alles genau nach den Pflegehinweisen.

Achtung: Durch offene Reißverschlüsse, BH-Häkchen oder BHs mit Bügeln können andere mitgewaschene Stücke beschädigt werden. Schließen Sie deshalb vor Beginn des Waschvorgangs alle Reißverschlüsse. Problematische Stücke (wie BHs mit Bügeln) waschen Sie besser separat oder in einem Extrabeutel (auch ein Kissenbezug bietet Schutz).

Wenn die Wäsche eingeht
Verfilzen und Eingehen sind unterschiedliche Phänomene, die jedoch einen engen Zusammenhang haben. Das Verfilzen betrifft jedoch hauptsächlich Wollsachen, die nach wiederholtem Tragen und Waschen wie Filz aussehen.
Ursache
◆ Die Fasern ziehen sich beim Waschvorgang eng zusammen. Das Gewebe wird dadurch dicker, verliert seine Elastizität und wird steif. Im Laufe der Zeit wird dieser Effekt verstärkt. Das Zusammenziehen der Fasern hat außerdem zur Folge, dass das Kleidungsstück eingeht.

So vermeiden Sie Eingehen und Verfilzen
◆ Hier heißt es: »Vorher Vorsicht walten lassen!« Achten Sie genau auf die Pflegehinweise und waschen Sie alles bei der richtigen Temperatur und Drehzahl. Zu hohe Temperatur und Drehzahl bewirken, dass Ihre Textilien eingehen und/oder verfilzen.

So behandeln Sie das Problem
◆ Sie können das Eingehen vermindern, wenn Sie das Kleidungsstück nach dem Waschen auf seine ursprüngliche Größe dehnen oder zum Trocknen flach hinlegen.

Wenn sich die Farbe ändert

Nylon und Fasern mit Elasthan ziehen Farbstoffe an

Manche Unterwäsche – vor allem die aus Nylon – zieht Farbstoffe stark an. Diese Gewebearten nehmen selbst kleine Mengen an Farbstoffen von anderen Wäschestücken beim Waschvorgang auf. Andere Materialien im gleichen Kleidungsstück sind jedoch davon nicht betroffen. So kommt es, dass z. B. BHs, die zartgrau verfärbt sind – eigentlich durchaus schick –, an den Nähten, vor allem am Gummiband, einen reinweißen Faden zeigen. Ein deutlicher Hinweis, dass das gute Stück nicht in edlem Grau gekauft wurde, sondern es sich um eine Verfärbung handelt.

Ursache
◆ Einige Wäschestücke geben wenige Farbpigmente ab. Das hat normalerweise wenig Auswirkung auf die Farben anderer Wäschestücke. Nylon jedoch und Textilien mit Elasthan saugen diese Farbstoffe sofort auf und ändern ihre Farbe.

So vermeiden Sie Verfärbungen von Nylongeweben
◆ Achten Sie genau auf die Pflegehinweise und waschen Sie alles bei der richtigen Temperatur und Drehzahl. Waschen Sie jedes Kleidungsstück, das weißen Nylon enthält, in einer Ladung mit ausschließlich weißer Wäsche.

Blasenentstehung und Ausbleichen von farbigen Textilien

Werden Fasern brüchig, so werfen sie an der Oberfläche des Gewebes kleine Blasen. Das lässt leuchtende Farben verblassen.

Ursache Nr. 1
- Wenn Sie Textilien aus Baumwolle oder mit hohem Baumwollgehalt mehrmals waschen, werden die Fasern brüchig und bewirken die Bildung kleiner »Bläschen«.

So vermeiden Sie Ursache Nr. 1
- Wählen Sie nur hochwertige Textilien aus Baumwolle aus. Sie sind so verarbeitet, dass die Fasern extra geschützt werden.

Ursache Nr. 2
- Ist Ihr Lieblingsstück aus Baumwolle oder Baumwollgemisch, dann sorgt das häufige Tragen dafür, dass die Farbintensität nach und nach verloren geht.

So vermeiden Sie Ursache Nr. 2
- Waschen Sie Ihre Textilien nur mit Produkten wie Ariel Color, das eine spezielle Pflegeformel enthält, mit deren Hilfe das Brüchigwerden der Baumwollfasern vermindert werden kann und der Gesamteindruck deutlich verbessert wird.
- Verwenden Sie ein Produkt ohne Bleichmittel.

So behandeln Sie das Problem
- Die Bläschen können durch Abbürsten oder Abzupfen aus dem Gewebe entfernt werden. Die Leuchtkraft ausgeblichener Farben kann nicht wiederhergestellt werden. Ausgeblichene Textilien können jedoch neu eingefärbt werden.

Durch Sonnenlicht verursachtes Ausbleichen

Vorhänge und Bettüberwürfe sind ständig und über längere Zeit hinweg direktem Sonnenlicht ausgesetzt. Das kann zur Bildung von ausgeblichenen Streifen, im Extremfall sogar zu Rissen führen. Speziell rote und gelbe Stoffe sind davon betroffen.

Ursache
- Der Stoff wurde über längere Zeit hinweg direkter Sonneneinstrahlung ausgesetzt.

So vermeiden Sie das Ausbleichen
- Schützen Sie die betroffenen Textilien durch Futterstoffe oder Jalousien. Lassen Sie die Textilien nur möglichst kurz im Freien trocknen.

So behandeln Sie das Problem
- Hier heißt es: »Vorher Vorsicht walten lassen!« Sind erst einmal Farben verblichen oder sogar Risse entstanden, ist es zu spät.

Ausgelaufene Farben
Farben können bei einem einzigen Kleidungsstück und dort sogar an verschiedenen Stellen auslaufen. Andere Textilien desselben Waschdurchgangs werden möglicherweise mit der ursprünglichen Farbe oder Komponenten davon (z. B. blau an Stelle von violett) eingefärbt.

Ursache Nr. 1
- Sie haben das Wäschestück nicht nach den Pflegehinweisen behandelt. Denn Farben laufen vor allem dann aus, wenn die Waschtemperatur zu hoch ist.

So vermeiden Sie Ursache Nr. 1
- Beachten Sie stets das Pflegeetikett mit den Hinweisen des Herstellers.

Ursache Nr. 2
- Die Farben sind unzureichend im Gewebe fixiert.

So vermeiden Sie Ursache Nr. 2
- Prüfen Sie die Haltbarkeit der Farben vor dem Waschen (siehe Kasten). Sind die in dem Kleidungsstück enthaltenen Farben nicht haltbar, sollte dieses unter Beach-

tung der Hinweise auf dem Pflegeetikett separat gewaschen werden.

Behandlung

- Sie können die ursprüngliche Farbe unter Umständen wiederherstellen, wenn Sie das Wäschestück neu färben.

So überprüfen Sie die Farbechtheit

- Stoff bzw. Kleidungsstück an einer nicht sichtbaren Stelle, z. B. der Innenseite eines Saumes, mit warmem Wasser anfeuchten.
- Den feuchten Stoff zwischen zwei weiße Papiertücher legen und mit einem warmen Bügeleisen darauf drücken.
- Kontrollieren, ob das weiße Papier Farbe angenommen hat.
- Wenn nein, dann ist die Farbe haltbar und das Kleidungsstück bedenkenlos waschbar.
- Wenn ja, dann kann die Farbe beim Waschen auslaufen.

Grüne Schleier auf weißen Textilien

Weiße Textilien haben einen Grünschleier, der oft ungleichmäßig verteilt ist.

Ursache

- In Waschmitteln sind optische Aufheller enthalten. Sie sollen die Reinheit der Wäsche nach dem Waschen noch verstärken. Wirkt nun zusätzlich Sonnenlicht auf diese Substanzen ein, wird die Reinigungskraft noch mehr gesteigert. In manchen Fällen kann das bewirken, dass weiße Textilien einen Grünschleier annehmen.

So vermeiden Sie den Grünschleier
- Verwenden Sie die für den jeweiligen Verschmutzungsgrad angegebene Waschmittelmenge.

So behandeln Sie das Problem
- Weichen Sie die Textilien über Nacht in warmem Wasser (40 °C) ein.

Bedruckte Textilien sehen abgetragen und verblichen aus

Manchmal geht es schnell, auch wenn Sie ein Kleidungsstück noch gar nicht so lange besitzen: Brüchige Fasern stehen aus dem bedruckten Gewebe hervor und lassen dieses alt und abgetragen aussehen.

Ursache
- Werden bedruckte Textilien häufig getragen und gewaschen, werden die Fasern durch die Reibung brüchig und stehen dann aus dem Gewebe hervor.

So vermeiden Sie brüchige Fasern
- Waschen Sie Ihre Textilien nur mit Produkten mit einer speziellen Pflegeformel, die verhindert, dass die Fasern von Baumwollgewebe brüchig werden. So sehen Ihre Kleidungsstücke insgesamt gepflegter aus.
- Eine falsche Einstellung des Waschprogramms kann bewirken, dass die Drehzahl der Trommel höher ist als auf dem Etikett empfohlen.

So behandeln Sie das Problem
- Bedruckte Gewebe sehen deshalb ausgeblichen aus, weil brüchige Fasern aus dem Gewebe hervorstehen. Entfernen Sie die hervorstehenden Fasern vorsichtig.

Weiße Streifen auf Jeans- und ähnlichen Baumwollstoffen

Manchmal weisen dicke Baumwollstoffe (vor allem dunkle) nach dem Waschen weiße Streifen auf. Das kann auch dann passieren, wenn Sie ein spezielles Produkt für Buntwäsche oder ein Flüssigwaschmittel verwendet haben.

Ursache
- Schwere Baumwollstoffe können beim Waschen zerdrücken. An den Stellen, an denen das Gewebe einknickt, werden die Farben durch die entstehende Reibung leichter beschädigt.

So vermeiden Sie weiße Streifen
- Drehen Sie Jeans und andere Stücke aus dickem Baumwollstoff vor dem Waschen um und wählen Sie auf jeden Fall beim Schleudern eine niedrige Drehzahl.

So behandeln Sie das Problem
- Hier heißt es: »Vorher Vorsicht walten lassen!« Sie können die ursprüngliche Farbe unter Umständen wiederherstellen, wenn Sie das Wäschestück neu färben.

Graue Wäsche nach dem Waschgang

Die Wäsche kommt aus der Maschine und sieht grau und stumpf aus.

Ursache Nr. 1
- Sie haben das falsche Waschmittel oder nicht die richtige Dosierung gewählt.

So vermeiden Sie Ursache Nr. 1
- Verwenden Sie ein qualitativ hochwertiges Waschmittel wie z. B. Ariel als Kompakt- oder Flüssigwaschmittel oder Tabs! Achten Sie auf die richtige Dosierung.

Ursache Nr. 2
- Die Waschtemperatur war zu niedrig.

So vermeiden Sie Ursache Nr. 2
- Waschen Sie stark verschmutzte Stücke mit der auf dem Etikett empfohlenen Höchsttemperatur. Kommen unterschiedliche Gewebe zusammen in die Maschine, müssen Sie jedoch die niedrigste Temperatur wählen, die in den Pflegesymbolen steht.

Ursache Nr. 3
- Die Maschine war zu voll und die Wäsche konnte sich nicht richtig drehen.

So vermeiden Sie Ursache Nr. 3
- Um ein optimales Ergebnis zu erzielen, sollten Sie die Maschine nicht zu voll füllen.

So behandeln Sie das Problem
- Waschen Sie die graue und stumpf wirkende Wäsche nochmals und verwenden Sie diesmal auf jeden Fall Ariel!

Vergilben von Acrylfasern

Manchmal entstehen auf weißen Geweben aus Synthetikfaser, normalerweise Acryl, gelbliche Flecken.

Ursache
- Der Stoff aus Acryl war über längere Zeit Hitze oder Sonneneinstrahlung ausgesetzt.

So vermeiden Sie das Vergilben
- Setzen Sie synthetische Stoffe nicht über eine längere Zeit direkter Sonneneinstrahlung oder Hitze aus.

So behandeln Sie das Problem
- Hier heißt es: »Vorher Vorsicht walten lassen«, denn Vergilbungen in Acrylstoffen kann man nicht entfernen!

Flecken auf der Wäsche

Schwarze oder dunkle Flecken auf Handtüchern

Manchmal treten vor allem auf Handtüchern schwarze oder dunkle Flecken auf.

Ursache
- Die Handtücher sind mit Kosmetikprodukten wie Haarpflegemitteln oder Pomade in Kontakt gekommen. Sol-

che Produkte enthalten Bestandteile, die wie Kleber wirken und Schmutz sowie lose Farbpigmente auf dem Gewebe der Handtücher binden.

So vermeiden Sie die Flecken
- Bei Verwendung von Kosmetikprodukten zwischendurch immer wieder die Hände waschen.

So behandeln Sie das Problem
- Behandeln Sie das Wäschestück mit Ariel Flüssig direkt an der fleckigen Stelle. Dann waschen Sie es nochmals.
- Sind die Flecken dann noch immer vorhanden, »arbeiten« Sie mit einem speziellen Fleckentferner nach. Bitte achten Sie darauf, dass das Wäschestück farbecht ist und laut Pflegehinweis eine besondere Fleckenbehandlung verträgt.

Flecken durch kupferhaltiges Wasser

Kupferhaltiges Wasser trägt dazu bei, dass sich auf dem Stoff bräunliche oder rötliche Flecken bilden.

Ursache Nr. 1
- Diese Flecken stammen von Reißverschlüssen oder Metallknöpfen.

So vermeiden Sie Ursache Nr. 1
- Eventuell davon betroffene Textilien nur kurz waschen und anschließend sofort aus der Maschine nehmen. Gemäß den Pflegesymbolen trocknen.

Ursache Nr. 2
- Es ist auch möglich, dass Ihr Leitungswasser sehr kupferhaltig ist oder erst kürzlich neue Rohrleitungen installiert wurden.

So vermeiden Sie Ursache Nr. 2
- Versuchen Sie vor Beginn der Wäsche die Leitungen durchzuspülen, um sicherzugehen, dass sich kein stehendes Wasser darin befindet.

So behandeln Sie das Problem
◆ Behandeln Sie das Wäschestück mit Ariel Flüssig direkt an der fleckigen Stelle. Dann waschen Sie es nochmals.

Fettflecken auf Polyester
Manchmal kommt es zu fettig glänzenden dunklen Flecken auf farbigen Textilien.
Ursache
◆ Öl- oder Fettflecken, z. B. von verschütteten Nahrungsmitteln, sind auf Polyester oft besonders hartnäckig.
So vermeiden Sie solche Flecken
◆ Tragen Sie eine Schürze, wenn Sie Speisen mit heißem Öl zubereiten. Falls fetthaltige Nahrungsmittel die Kleidung verschmutzen, die Flecken so rasch wie möglich auswaschen und mit Flüssigwaschmittel vorbehandeln.
So behandeln Sie das Problem
◆ Reiben Sie den Fleck direkt mit Ariel Color ein und waschen Sie das Kleidungsstück anschließend bei der auf dem Pflegeetikett angeführten höchstmöglichen Temperatur.

Rosa Flecken auf Babylätzchen
Speziell auf Babylätzchen zeigen sich hin und wieder rosa Flecken.
Ursache
◆ Viele Eltern wollen ihren Kindern das Zahnen erleichtern. Deshalb gibt man den Kleinen bestimmte pharmazeutische Produkte, die normalerweise die farblose Substanz Phenolphthalein enthalten. Kommt diese mit einem Waschmittel in Berührung, verfärbt sie sich rosa. Das sieht man allerdings erst nach dem Waschen.
So vermeiden Sie Verfärbungen
◆ Waschen Sie die Lätzchen Ihres Kindes vorher mit kal-

tem Wasser aus. Danach verfahren Sie wie gewohnt mit Ariel im Hauptwaschgang.

So behandeln Sie das Problem
- Manchmal können Sie diese Flecken durch Bleichen entfernen. Allerdings funktioniert das nur bei weißen Baumwollstoffen!

Pleiten, Pech und Waschpannen

Streit in einer Beziehung gibt's aus vielerlei Gründen. Meist wegen Kleinigkeiten: Brotkrümel im Bett, Haare in der Badewanne, Socken auf dem Fußboden… oder nach der ersten Wäsche – sehr beliebt bei Paaren, die gerade erst zusammengezogen sind. Denn mangels Erfahrung im Haushalt kommt es beim Wäschewaschen insbesondere in der Anfangsphase oft zu unliebsamen Pannen. Er tobt, weil sein sorgsam gehütetes Fußballtrikot, das seine Mama nur von Hand waschen durfte, in der Kochwäsche von Größe XL auf Kinderformat geschrumpft ist. Sie kriegt die Krise, weil ihr blütenweißes Armani-Blüschen auf einmal eine schweinchenrosa Farbe angenommen hat.

Vermeiden können Sie solche Waschpannen nur, indem Sie Ihre Klamotten sorgfältig sortieren. Damit Sie als Anfänger/in nicht gleich die Übersicht verlieren, machen Sie am besten zunächst nur zwei Stapel: Auf die eine Seite kommt die weiße Wäsche, auf die andere das Bunte. Anschließend kommt die Feinsortierung nach Waschtemperaturen und diversen Farben. Beachten Sie dabei bitte unbedingt die Pflegehinweise auf den Etiketten der Kleidungsstücke. Unterwäsche ist nicht immer gleich Unterwäsche! Die Dessous aus Seide gehören nicht in den Kochwaschgang bei 95 Grad, mit dem Sie die Liebestöter aus Feinripp säubern.

Tipp: Die Zahlen auf den Etiketten (meist 30, 40, 60 oder 95) sind keine Preisschilder, sondern die Angaben, mit welcher Temperatur Sie das entsprechende Teil maximal waschen sollten. Kommen Sie mit den seltsamen Hieroglyphen (Beispiel: Kreis mit einem großen P) nicht klar, sollten Sie unbedingt eine dritte sachkundige Person (am besten Mami) um Rat fragen.

Ebenso, wenn Sie farbenblind sind. Auf gar keinen Fall schadet es Ihnen, wenn Sie vor dem Waschen einen Blick in Goethes Farbenlehre werfen. Oder in Ihren Wasserfarbkasten. Mit dem Pinsel können Sie ausprobieren, welche zum Teil seltsamen Kombinationen entstehen, wenn Sie bestimmte Farben miteinander mischen: Aus Rot und Blau wird Lila, aus Rot und Grün Braun, aus Gelb und Grau Ocker.

Das gilt auch beim Waschen. Insbesondere rote Klamotten färben sehr gern. Das kann zu bösen Überraschungen führen. Manche blütenweiße Sommerhose hat sich durchs Waschen schon in einen rosafarbenen Fetzen verwandelt.

Übrigens: Falls Ihrem Partner/in trotz aller Vorsicht eine Waschpanne unterläuft, sollten Sie auf keinen Fall gleich die ganze Beziehung in Frage stellen. Reagieren Sie mit Humor! Beispiele: »Weiße Tennissocken sind ohnehin längst out.« »Ich wollte ab morgen sowieso abnehmen.«

Wie Sie gegen Flecken vorgehen

Flecken in Textilien sind heute kein so großes Problem mehr. Unsere Großmütter mussten sich noch mit so manchem Hausmittelchen behelfen. Und ob das immer wirkte, sei dahingestellt ... Moderne Waschmittel werden dagegen mit den meisten Schmutzarten fertig. Starke Flecken sollten Sie jedoch vorbehandeln, bevor Sie das Wäschestück in die Maschine geben.

- Flecken sollten Sie möglichst sofort behandeln. Frisch lassen sie sich leichter entfernen als eingetrocknet.
- Wenn Sie nicht wissen, woher ein Fleck stammt und wie Sie ihn aus einem pflegeleichten Kleidungsstück entfernen sollen, gehen Sie lieber zum Fachmann in die chemische Reinigung, als selbst herumzuprobieren!
- Das Gleiche gilt für Flecken in sehr hochwertiger Kleidung. Der Experte kann Ihnen genau sagen, ob ein Fleck rausgeht oder ob Ihr Lieblingsstück unwiderruflich dahin ist.
- Wenn Sie mit Fleckentfernungsmitteln arbeiten, prüfen Sie bitte vorher an einer nicht sichtbaren Stelle, ob das Wäschestück farbecht ist und das Material das Mittel verträgt.
- Arbeiten Sie bitte stets am geöffneten Fenster oder im Freien, wenn Sie ein chemisches Fleckenmittel verwenden. Viele dieser Mittel enthalten gesundheitsschädliche Lösungsmittel, die an der Luft verdampfen.

Omas Tipps gegen Flecken – mit Vorsicht zu genießen!

- Blaubeerflecken sollten Sie möglichst frisch mit natürlichem Zitronensaft behandeln. Träufeln Sie ihn einfach auf die Stelle.
- Helle Flecken auf dunklen Stoffen beseitigen Sie mit Kaffee.
- Eine Tischdecke mit Kaffeeflecken sofort in kaltem Salzwasser einweichen.
- Karottenflecke in der Babywäsche entfernt man sofort mit etwas Babyöl. Anschließend normal waschen.
- Öl- oder Fettflecke bestreuen Sie zunächst mit Rog-

genmehl, Talkpuder oder Maismehl. Nach dem Trocknen bürsten Sie die Stelle aus. Reiben Sie mit klarem Wasser nach.
- Öl- und Fettflecke in empfindlichen Stoffen können Sie auch gut mit Terpentin entfernen. Öl- und Fettflecken in nicht so empfindlichen Stoffen bearbeiten Sie mit Geschirrspülmittel.
- Rostflecke reibt man mit saurer Milch aus.
- Rotweinflecke sollte man sofort dick mit Salz bestreuen. Der Rotwein wird vom Salz aufgesaugt. Anschließend mit Essigwasser oder Zitronensaft beträufeln und mit Feinwaschmittel auswaschen.
- Rußflecken bestreuen Sie dick mit Salz. Gut 15 Minuten einwirken lassen. Das Salz nimmt den Schmutz oder Ruß auf, danach absaugen.
- Stockflecken in der Wäsche tauchen Sie in verdünnten Essig oder in saure Milch ein. Danach normal in der Maschine waschen.
- Verfärbte Kleidung legen Sie in sauer gewordene Milch ein, danach waschen Sie sie lauwarm aus. Um das Ausfärben von Kleidungsstücken zu vermeiden, lassen Sie das Wäschestück eine Nacht lang in ungekochter Milch liegen.

So entfernen Sie einen Fleck

- Am einfachsten sind die Flecken zu entfernen, deren Zusammensetzung man kennt.
- Legen Sie die verschmutzte Stelle auf ein sauberes und vor allem saugfähiges Tuch.
- Tränken Sie einen Lappen oder ein Schwämmchen mit dem Fleckenmittel (auch wenn es sich um Flüssigwaschmittel oder Ähnliches handelt).
- Arbeiten Sie stets von außen nach innen, so wird der

Fleck nämlich nicht größer! Außerdem entsteht nach dem Trocknen kein Rand.
- Ein alter Trick zum Entfernen der Ränder: Streuen Sie die Stelle dick mit Kartoffelmehl ein und schütteln Sie es nach etwa einer halben Stunde ab.
- Zum Schluss bearbeiten Sie die Stelle mit klarem Wasser. Am besten weniger reiben, sondern eher tupfen! So lange, bis nichts mehr schäumt.

Das Flecken-Abc für Ihre Kleidung

Alkohol: Klaren Alkohol sofort mit lauwarmem Wasser ausspülen. Reiben Sie ältere Flecken mit warmem Weingeist oder verdünntem Salmiakgeist ab und spülen Sie dann mit klarem Wasser nach.
Bier: Flüssigwaschmittel verdünnen und den Fleck damit vorsichtig auswaschen.
Blut: Geht mit kaltem Wasser am besten raus. Danach mit einer warmen Waschmittellösung waschen.
Blütenstaub: Mit Flüssigwaschmittel vorbehandeln und anschließend mit Pulver in der Maschine waschen.
Bohnerwachs: Vorsichtig abschaben und mit Fleckenwasser nachbehandeln. Anschließend mit Flüssigwaschmittel vorbehandeln und in der Maschine waschen.
Brandflecken in weißer Wäsche: Mit kaltem Wasser befeuchten, dann mit Salz bestreuen und in die Sonne legen.
Bratensoße: Flüssigwaschmittel direkt auf den Fleck geben und anschließend waschen.
Buntstifte: Vollwaschmittel oder Entfärber verwenden.
Butter: Flüssigwaschmittel direkt auf den Fleck geben und anschließend waschen.
Cola: Mit lauwarmem Wasser auswaschen. Auf den

Fleck Flüssigwaschmittel geben und anschließend damit waschen.

Deodorant: Voll- oder Feinwaschmittel (je nach Wäscheart) oder Entfärber verwenden. Besonders bei Deo-Flecken, die mit Schweiß vermischt sind, ist oft ein Entfärber notwendig.

Dosenmilch: Mit kaltem Wasser auswaschen und mit Flüssigwaschmittel waschen.

Ei: Abschaben, auf den Fleck ein Flüssigwaschmittel geben und anschließend damit waschen. Zunächst immer eintrocknen lassen, danach erst mit kaltem und dann mit warmem Wasser behandeln.

Erbrochenes: In der Handwäsche mit Feinwaschmittel ohne Einweichen durchwaschen, anschließend mit Voll- oder Feinwaschmittel in der Maschine waschen (je nach Wäscheart).

Erde: Mit Flüssigwaschmittel vorbehandeln und anschließend damit waschen.

Farbübertragungen: Mit bleichemittelhaltigem Vollwaschmittel (Pulver) oder Entfärber waschen.

Fettflecken: Mit Flüssigwaschmittel vorbehandeln und anschließend waschen.

Filzstifte: Vollwaschmittel (Pulver), Entfärber oder spezielle Fleckentferner verwenden.

Gemüse: Vollwaschmittel (Pulver) verwenden. Hartnäckige Flecken mit einem Bleichmittel wie Acè Milde Bleiche vorbehandeln.

Gemüseflecken: Möglichst schnell mit kaltem Wasser auswaschen. Eventuell mit Borax bestreuen oder in einer Boraxlösung einweichen, danach waschen.

Gewürze: Mit Flüssigwaschmittel vorbehandeln und anschließend waschen.

Grasflecken: Mit Flüssigwaschmittel vorbehandeln und anschließend waschen.

Harz: Mit Fleckenwasser lösen, mit Voll-/Flüssigwaschmittel waschen.

Hautcreme: Mit Fleckenwasser lösen, Restflecken mit Flüssigwaschmittel vorbehandeln und damit in der Maschine waschen.

Honig: Mit warmem Wasser auswaschen, anschließend waschen.

Joghurt: Mit lauwarmem Wasser ausreiben.

Kaffee- oder Teeflecken: Sofort mit warmem Feinwaschmittelwasser ausreiben.

Kaffee: Mit Acè Milde Bleiche vorbehandeln und anschließend waschen.

Kakao: Mit Flüssigwaschmittel vorbehandeln und anschließend waschen.

Karotten: Mit Acè Milde Bleiche vorbehandeln und waschen.

Kaugummi: Erst ablösen. Hierfür gibt es einen Trick: Der Kaugummi wird bröselig und lässt sich leicht abbürsten, wenn Sie das Kleidungsstück in einen Beutel geben und in der Tiefkühltruhe etwa eine Stunde liegen lassen. Danach mit speziellem Fleckentferner behandeln.

Kerzenwachs: Vorsichtig abschaben und mit speziellem Fleckentferner behandeln.

Ketchup: Mit Acè Milde Bleiche vorbehandeln und mit einem Vollwaschmittel (Pulver) waschen.

Klebstoff: Vorsichtig abschaben und mit speziellem Fleckentferner behandeln.

Kosmetik/Make-up: Mit Flüssigwaschmittel vorbehandeln und anschließend waschen.

Kot/Stuhl: Größere Mengen abschaben, mit Flüssigwaschmittel vorbehandeln und anschließend waschen.

Kreide: Mit Flüssigwaschmittel vorbehandeln und anschließend waschen.

Kuchen/Torte: Größere Mengen abschaben, mit Flüssigwaschmittel vorbehandeln und anschließend waschen.

Kugelschreiber: Mit Fleckenwasser lösen, mit Flüssigwaschmittel vorbehandeln und waschen. Falls notwendig, spezielle Fleckentferner anwenden.

Lacke/Ölfarben: Feuchte Farbe sofort entfernen. Mit Pinselreiniger-Lösung behandeln, spezielle Fleckentferner verwenden, anschließend waschen.

Likör: Mit Flüssigwaschmittel vorbehandeln und anschließend waschen.

Limonade: Sofort mit warmem Wasser auswaschen, anschließend mit Flüssigwaschmittel waschen.

Lippenstift: Mit Flüssigwaschmittel vorbehandeln und anschließend waschen.

Margarine: Mit Flüssigwaschmittel vorbehandeln und anschließend waschen.

Marmelade: Größere Mengen abschaben. Mit Flüssigwaschmittel vorbehandeln und mit Vollwaschmittel (Pulver) waschen.

Mayonnaise: Mit Flüssigwaschmittel vorbehandeln und anschließend waschen.

Mehl: Mit Flüssigwaschmittel vorbehandeln und anschließend waschen.

Milch: Sofort mit kaltem, dann lauwarmem Wasser auswaschen und anschließend in der Maschine waschen.

Nagellack: Erst mit Nagellackentferner, dann mit Fleckenwasser behandeln und anschließend waschen.

Obst: Vollwaschmittel (Pulver) verwenden. Hartnäckige Flecken mit einem Bleichmittel wie Acè Milde Bleiche vorbehandeln.

Öl: Mit Flüssigwaschmittel vorbehandeln und anschließend waschen.

Ölfarben: Feuchte Farbe sofort entfernen. Mit Pinselreiniger-Lösung behandeln, spezielle Fleckentferner verwenden, anschließend waschen.

Parfümflecke auf empfindlichen Stoffen: Vorsichtig behandeln, es könnten Ränder entstehen; zuerst mit Alkohol abtupfen, anschließend in lauwarmem Wasser mit Feinwaschmittel durchdrücken.

Pflanzenfett: Mit Flüssigwaschmittel vorbehandeln und anschließend waschen.

Pudding: Mit Flüssigwaschmittel vorbehandeln, anschließend mit Vollwaschmittel (Pulver) waschen.

Rostflecken: Rostentferner verwenden, anschließend in der Maschine waschen.

Rotwein: Mit Acè Milde Bleiche vorbehandeln, anschließend mit einem Vollwaschmittel (Pulver) waschen.

Ruß: Mit Fleckenwasser behandeln, auf eventuelle Restflecken Flüssigwaschmittel geben, anschließend mit Vollwaschmittel (Pulver) waschen.

Saft: Mit warmem Wasser auswaschen, dann mit Acè vorbehandeln, anschließend mit Vollwaschmittel (Pulver) waschen.

Sahne und Schlagsahne: Mit Flüssigwaschmittel vorbehandeln und anschließend waschen.

Salatsoße, Salatöl: Mit Flüssigwaschmittel vorbehandeln und anschließend waschen.

Sand: Mit Flüssigwaschmittel vorbehandeln und anschließend waschen.

Schokolade: Vorsichtig abschaben, mit warmem Wasser auswaschen, anschließend mit Flüssigwaschmittel vorbehandeln und danach waschen.

Schuhcreme: Mit Fleckenwasser behandeln, auf Restflecken Flüssigwaschmittel geben, anschließend waschen.

Schweißflecken: Voll-/Feinwaschmittel (je nach Wäscheart) oder Entfärber verwenden, besonders bei Deo-Flecken, mit Schweiß vermischt, ist oft ein Entfärber notwendig.

Senf: Mit Flüssigwaschmittel vorbehandeln und anschließend waschen.

Soße: Mit Flüssigwaschmittel vorbehandeln und anschließend waschen.

Spirituosen (Champagner, Cognac, Sekt, Whiskey): Mit warmem Wasser auswaschen, Restflecken mit Acè Milde Bleiche vorbehandeln und in der Maschine waschen.

Sportplatz-Flecken: Mit Flüssigwaschmittel vorbehandeln und anschließend waschen.

Staub: Mit Flüssigwaschmittel vorbehandeln und anschließend waschen, falls er nicht bereits durch Ausklopfen beseitigt wurde.

Suppe: Mit Flüssigwaschmittel vorbehandeln und anschließend waschen.

Tee: Mit Acè Milde Bleiche vorbehandeln und mit einem Vollwaschmittel (Pulver) waschen.

Teer: Mit Fleckenwasser auswaschen, spezielle Fleckentferner anwenden.

Tinte: Mit Flüssigwaschmittel vorbehandeln und anschließend mit Vollwaschmittel (Pulver) waschen.

Tomate: Mit Acè Milde Bleiche vorbehandeln und mit einem Pulvervollwaschmittel waschen.

Urinflecken: Zunächst mit kaltem Wasser, dann mit möglichst heißer Seifenlauge auswaschen. Mit klarem Wasser nachspülen.

Vogelschmutz: Vorsichtig mit warmem Salzwasser abreiben, eingetrocknete Flecke in Salzwasser einweichen. Mit klarem Wasser nachbehandeln.

Wachsflecken: Mit Lösch- oder Zeitungspapier entfernen. Auf den Fleck legen, mit dem Bügeleisen darüber bügeln, bis das Wachs von dem Papier aufgesaugt ist. Das Papier dabei immer wieder erneuern.

Wasserfarben: Mit warmem Wasser auswaschen, anschließend mit einem Vollwaschmittel waschen.

Weißwein: Mit warmem Wasser auswaschen, Restflecken mit Acè Milde Bleiche vorbehandeln und in der Maschine waschen.
Zitrone: Mit warmem Wasser auswaschen, mit Flüssigwaschmittel vorbehandeln und waschen.
Zuckerflecken: Mit einer Mischung aus einem Teil Salmiakgeist und einem Teil Glyzerin aufweichen, danach wie gewohnt waschen. Frische Zuckerflecken dagegen reiben Sie mit handwarmem, abgekochtem Wasser ab, dann nachspülen.

Wenn Sie nicht wissen, wo ein Fleck herkommt

Sie sind sich unsicher, was den Fleck verursacht hat? Dann versuchen Sie es wie folgt:

- Ein schnell wirkender Fleckentferner ist reines Mineralwasser. Gießen Sie etwas davon auf den Fleck. Nach kurzer Einwirkzeit nehmen Sie die Flüssigkeit mit einem Handtuch oder einem Schwamm auf.
- Ältere Flecken reiben Sie mit einer Mischung aus zwei Esslöffeln Waschmittel und drei Esslöffeln Essig ein. Trocknen so gut es geht.
- Bei vielerlei Flecken hat sich auch die gute alte Gallseife bewährt.
- Eine Mischung aus Waschmittel und warmem Wasser hilft gegen besonders hartnäckige Flecken. Die Seifenlauge mit einer weichen Bürste kreuz und quer auf den Fleck reiben und abtrocknen lassen. Möglicherweise müssen Sie diese Behandlung wiederholen.
- Nach dem Behandeln der Flecken sollten Sie die nasse Stelle mit einem Föhn trocknen, das verhindert Fleckenränder.

5.
Spezielle Wäsche

Wenn Sie jetzt glauben sollten, Sie seien bereits ein Experte in Sachen Waschen, weil Sie schon bis zum fünften Kapitel vorgedrungen sind, dann täuschen Sie sich! Oder wissen Sie etwa, wie man mit Gardinen und Vorhängen umgeht? Ob man die Bezüge Ihres Lieblingssessels in die Waschmaschine stecken darf? Wie man mit der Wäsche vor, während und nach einem Urlaub umgeht?

Genau darum geht's in diesem letzten Kapitel. Und auch darum, wie man beim Wäschewaschen anbandeln kann. Das können Sie sich nicht vorstellen? Dann waren Sie noch nie in einem Waschsalon. Hier tobt nämlich das pralle Leben. Darüber hat die Kölner Rockgruppe BAP bereits 1981 in ihrem Lied »Im Waschsalon« gesungen. Wie heißt es da so schön im Refrain!?

»Ich jonn su unwahrscheinlich jähn met dir en der Waschsalon, weil, do häss Ahnung vun dä Technik, vun der ich nix verstonn.«

Für alle Nicht-Kölner:

»Ich gehe so unwahrscheinlich gerne mit dir in den Waschsalon, weil du hast Ahnung von der Technik, von der ich nichts verstehe.«

Im Song wird genau beschrieben, was da so alles im Waschsalon passiert.

Das ist Ihnen zu viel an kölschem Lokalkolorit? Bitte, dann werden wir eben international:

- Schon in der Stummfilmzeit gab's diverse Filme und Filmchen, die etwas mit Waschen und Wäschereien zu tun hatten. Insgesamt 19 Titel weist die »Internet Movie Data Base« auf, darunter z. B. »The Laundry Girl« (1919), »Laundry Man« (1925 und 1928), »Love, Life and Laundry« (1998).
- Sogar Donald Duck trieb sich bereits 1940 in einer Wäscherei herum, in »Donald's Dog Laundry« nämlich.
- Ein Welterfolg wurde der britische Film »My wonderful

Laundrette«. Er wurde 1985 gedreht und war auch bei uns unter dem Titel »Mein wunderbarer Waschsalon« ein Riesenhit.
- Nicht zu vergessen, dass zahllose Sketche und Kabarett- sowie Comedy-Programme in Waschsalons spielen, sich um den Waschsalon drehen oder das Treiben im Waschsalon auf die Schippe nehmen …

Sie sehen, ohne Waschsalons wäre das Leben nicht so lebenswert und vor allem nicht so lustig …

Die Checkliste:
Warum Waschsalons so lebenswichtig sind

1. Warum gehen Sie in einen Waschsalon?
- Weil Sie zu Hause keinen Platz für eine Waschmaschine haben.
- Weil Sie überzeugter Single sind (zumindest im Moment!).
- Weil Sie im Kino gesehen haben, dass man da gut anbandeln kann.
- Weil Sie (siehe oben!) Kölner sind und BAP mögen.
- Weil Sie zwar eine Waschmaschine Ihr Eigen nennen, aber keinen Trockner haben.
- Weil Sie vergessen haben, Waschmittel zu kaufen.
- Weil sich neben Ihrer Stammkneipe ein Waschsalon befindet und Sie gemütlich beim Bierchen auf Ihre Wäsche warten können.

2. Wieso waschen Sie nicht zu Hause, obwohl Sie eine eigene Maschine haben?
- Weil Sie nach Ihrer Weltreise so viel Schmutzwäsche

haben, dass Ihre Waschmaschine dafür Tage, ja Wochen brauchen würde.
- Weil Ihre Verwandtschaft zwei Wochen lang zu Besuch war und deshalb Berge von Bettwäsche und Handtüchern angefallen sind.
- Weil Sie endlich mal wieder am Samstagabend eine Verabredung haben möchten. Und sei es nur mit einer Waschmaschine!
- Weil Sie einen Horror davor haben, alleine in der Wohnung zu sitzen – mit einer rumpelnden Waschmaschine und ihren unheimlichen Geräuschen.
- Weil Sie keine Ahnung haben, wie Sie Ihre Wäsche sonst sauber kriegen sollen und auf Rat und Tat eines/r anderen hoffen.
- Weil Ihr Fernseher kaputt ist und Sie keine Lust haben, das Guckloch der Waschmaschine anzustarren. Im Waschsalon gibt's wenigstens noch andere Menschen!

3. Woran erkennen Sie einen guten Waschsalon?
- An den zahlreichen Waschmaschinen, die modern sind und gut gewartet scheinen.
- An einem interessanten Angebot an waschenden und flirtwilligen Frauen bzw. Männern.
- An der preiswerten Leistung: Die 6-Kilo-Trommel kostet da nämlich nur etwa 3,70 Euro, die 10-Kilo-Trommel unter 7,70 Euro. Und in diesem Preis ist das Waschmittel schon enthalten!
- An einer Fachkraft, die Sie bei Ihren Waschproblemen berät und nicht nur zum Aufpassen da ist.
- An mehreren großen Trocknern, die Ihre patschnasse und von zu Hause mitgebrachte Wäsche wenigstens bügelfeucht, vielleicht sogar schrankfertig trocknen.

4. Welche Wäsche nehmen Sie mit in den Waschsalon?

- Alles, weil Sie keinerlei Hemmungen haben. Jeder kann sehen, was Sie besitzen.
- Die gesamte Bettwäsche, weil Sie die daheim nicht in Ihre Maschine reinkriegen.
- Fertig gewaschene und noch klatschnasse Wäsche, weil Sie daheim keinen Trockner haben.
- Ihre Bundeswehrwäsche, weil das so viel ist, dass Ihre Waschmaschine zu Hause streikt.
- Nur die edelsten Dessous, weil Sie auf Männerfang sind.
- Nur Boxershorts und schicke Tigertangas, weil Sie bei Frauen Eindruck schinden wollen.

5. Wie verhalten Sie sich beim ersten Besuch im Waschsalon?

- Sie schleppen Ihre Schmutzwäsche nicht in zahlreichen Plastiktüten an, sondern in einem Wäschekorb.
- Sie haben ausreichend Geld dabei. Und bitte keine Hundert-Euro-Scheine, sondern jede Menge Münzen. Hier leiht Ihnen nämlich keiner was!
- Sie lesen die Betriebsanleitung, die an der Wand hängt. Und verstehen nur Bahnhof!
- Sie schauen sich um und erkennen, dass zahlreiche Personen anwesend sind, die Sie ansprechen und die Ihnen alles erklären können.
- Als Mann sprechen Sie eine der Frauen an und erkennen, dass Ihnen zwar alles erklärt wird, aber mehr Hilfe erhalten Sie nicht. Sie gehen deshalb nach dem Grundsatz vor: »Selbst ist der Mann!«
- Als Frau sprechen Sie einen der Männer an und erkennen, dass Ihnen prompt tatkräftigste Hilfe zuteil wird. Die Herren überschlagen sich förmlich, Ihre Wäsche zu waschen...

6. Was tun Sie im Waschsalon auf keinen Fall?

- Sie ziehen sich – auch wenn's in vielen Filmen zu sehen ist – niemals aus, um das zu waschen, was Sie gerade am Leibe haben.
- Sie rechnen nicht damit, dass Ihnen irgendjemand den Hundert-Euro-Schein in entsprechendes Münzgeld umtauscht.
- Sie hoffen nicht darauf, dass Ihnen irgendwer die Arbeit abnimmt.
- Sie gehen nicht davon aus, hier den/die Partner/in Ihres Lebens zu finden (obwohl die Chancen nicht schlecht stehen sollen!).
- Sie klauen einem/einer anderen nicht die Wäsche, nur weil der/die genau die Jeans hat, die Sie schon immer haben wollten.
- Sie versacken nicht in Ihrer Stammkneipe, während Ihre Wäsche gewaschen wird. Andere warten vielleicht dringend gerade auf »Ihre« Maschine.

So, nun wissen Sie Bescheid. Wenden wir uns also wieder der häuslichen Wäsche zu.

Das Waschen von Gardinen und Vorhängen

Das Waschen von Gardinen ist manchmal gar nicht nötig, wenn Sie hin und wieder zum Staubsauger greifen. Stellen Sie ihn auf die niedrigste Stufe ein und saugen Sie den Staub einfach ab. Das geht eine ganze Weile gut und fällt höchstens Ihrer Schwiegermutter auf. Mindestens ein- bis zweimal im Jahr bleibt es Ihnen jedoch nicht erspart: Auch Vorhänge und Gardinen müssen in die Waschmaschine oder in die Reinigung, wenn Sie Stoffe gekauft haben, die man nicht selbst zu Hause waschen kann.

Gardinen
- Gardinen dürfen nicht zu schmutzig sein, damit sie beim Waschen wieder wirklich sauber werden.
- Wenn es in Ihrem Haushalt besonders stark staubt oder Sie Raucher/in sind, sollten Sie den Fensterbehang öfter als nur ein- bis zweimal jährlich waschen. (Ihre Schwiegermutter wird Sie sicherlich und nachdrücklich darauf hinweisen, wann es wieder nötig ist.)
- Rollringe binden Sie locker in ein Tuch ein (oder einen alten Nylonstrumpf), dann können diese beim Waschen an den Vorhängen bleiben. Große Ringe allerdings müssen Sie abmachen. Achten Sie auch darauf, alle Stecknadeln zu entfernen.
- Für eine normale Waschtrommel (4,5 Kilo) rechnet man nicht mehr als ein bis eineinhalb Kilo Gardinen. So werden sie sauber, knittern aber nicht zu stark.
- Verwenden Sie in jedem Fall Spezialwaschmittel und keine höhere Temperatur als 30 bis 40 °C. Es gibt spezielle Waschmittel für Gardinen, die weniger Schaum entwickeln.
- Flecken- und Gardinensalze werden dem normalen

Waschgang zugegeben und sind eigentlich nichts anderes als Bleichmittel. Sie sollten solche Salze nur dann verwenden, wenn Sie die gesamte Maschinenladung bleichen wollen. Wollen Sie jedoch nur ein paar hartnäckige Flecken entfernen, erzielen Sie mit einer Vorbehandlung, z. B. mit Gallseife, eine bessere Wirkung.
- Achten Sie auf den Spezialwaschgang Ihrer Maschine. Er wäscht besonders schonend und schleudert meist auch nicht. Das Wasser wird nur abgepumpt. Sie müssen die Vorhänge extra vorsichtig kurzschleudern oder aber mit der Hand ausdrücken.
- Sollten Sie kein solches Spezialprogramm haben, so schleudern Sie nur an und hängen die Gardinen – noch feucht – sofort auf. Gardinen müssen nicht auf der Wäscheleine trocknen!
- Bei manchen Stoffen gibt man Weichspüler zu, um so einer elektrostatischen Aufladung des Gewebes entgegenzuwirken.

Vorhänge
- Große Vorhangringe muss man vor dem Waschen entfernen. Auch Metallröllchen sollten abgemacht werden. Kunststoffröllchen dagegen können dranbleiben. Zur Sicherheit wickelt man sie ein.
- Um Knitterfalten zu vermeiden, sollten Sie die Waschmaschine sparsam füllen, nur bis zu einem Drittel der sonst üblichen Menge. Gewaschen wird bei 30 bis maximal 40 °C im Feinwaschgang oder Gardinenwaschprogramm. Verwenden Sie Feinwaschmittel.
- Vorhänge dürfen nur ganz vorsichtig angeschleudert werden.
- Nach dem Waschen empfiehlt es sich, Vorhänge so schnell wie möglich wieder aufzuhängen, damit keine Knitterfalten entstehen. Sollten die Vorhänge noch zu

nass sein, können sie liegend oder hängend getrocknet werden.
- ◆ Achten Sie auf die Pflegehinweise! Wenn Sie nicht genau wissen, aus welchem Material Ihre Vorhänge sind, machen Sie in jedem Fall eine Wasch- und Bügelprobe.

> **Machen Sie zur Sicherheit eine Waschprobe**
> Sie wollen sicher keine böse Überraschung erleben, wenn Sie Ihre Vorhänge nach dem Waschen aus der Maschine holen. Deshalb: Machen Sie vor der ersten Wäsche eine Waschprobe mit einem Stoffrest. Dabei empfiehlt es sich, das Stoffstückchen abzumessen. So können Sie leicht feststellen, ob das Material – neben einer farblichen Veränderung – eingeht. Tut er das nicht, können Sie die gesamte Gardine bedenkenlos waschen. Schrumpft das Stoffstück jedoch ein oder verfärbt es sich, gehen Sie lieber zum Fachmann und lassen Sie Ihre Vorhänge professionell reinigen.

Die wichtigsten Vorhangstoffe

Baumwolle zählt zu den Zellulosefasern. Gewebe aus Baumwolle sind sehr saugfähig, reißfest und filzen nicht. Sie nehmen gedruckte Muster gut auf, sind leicht zu verarbeiten und zu waschen. Baumwolle neigt zum Knittern, kann im grellen Sonnenlicht stark ausbleichen und beim Waschen einlaufen.

Broché ist ein Gewebe, das in einer sehr aufwendigen Technik produziert wird. Die stickereiartigen Effekte kommen durch zusätzlich ins Gewebe eingearbeitete Fäden zustande.

Brokat ist ein schweres, hochwertiges Jacquardgewebe

mit eingearbeiteten Metallfäden und Blumenmustern, die optisch Stickereien ähneln. Brokat wird meist aus Baumwolle und Baumwollgemischen hergestellt. Er wird nicht nur als Dekorationsstoff, sondern auch als Möbelbezugsstoff verwendet.

Chenille ist ein Dekostoff, der aus einem samtartigen Faden mit abstehenden Fasern hergestellt wird. Dadurch hat er eine leichte Unregelmäßigkeit in der Oberflächenstruktur. Chenillestoffe gibt es aus Baumwolle, Seide, Leinen oder aus Mischgeweben.

Chintz hat einen auffallenden Glanzeffekt, den dieser Baumwollstoff durch Einwirkung von Hitze und Druck erhält. Die Oberseite besitzt eine meist wachsartige Beschichtung. Der Stoff ist dadurch sehr fest, schmutz- und staubabweisend.

Crash-Stoffe erhalten eine Hitzebehandlung und bekommen dadurch ihr zerknittertes Aussehen. Sie dürfen nicht gebügelt werden.

Crêpe ist ein kreppartiges, gekräuseltes Gewebe. Man unterscheidet die Gruppe der echten Crêpe-Gewebe, wie Crêpe de Chine, Crêpe Georgette, Crêpe Mousseline, und die der unechten Gewebe, bei denen die Optik durch die Gewebeart oder durch eine thermische Behandlung erreicht wird.

Cretonne ist ein Baumwollstoff mit festem Gewebe, der im Aussehen unbeschichtetem Chintz gleicht und waschbar ist.

Inbetween nennt man Vorhangstoffe, die aufgrund ihres Gewebes und ihrer Optik sowohl als Gardine als auch als Dekorationsstoff verwendet werden können. Der Stoff ist zwar transparenter und luftiger als ein Dekostoff, aber im Vergleich zur Gardine in der Gewebestruktur blickdichter. Inbetweens werden mit großflächigen Dessins und in vielen Farben angeboten.

Moiré ist ein Stoff mit einer »Maserung«. Man unterscheidet zwischen echtem und unechtem Moiré. Beim echten Moiré wird das typische Musterbild direkt nach dem Weben unter Einwirkung von Hitze erzeugt. Beim unechten Moiré kommt die Musterprägung nachträglich auf das Gewebe.
Samt wird jedes Tuch genannt, das einen Flor hat, der kürzer als drei Millimeter ist. Er kann aus Baumwolle, Seide und synthetischen Fasern hergestellt werden. Alle Samtarten eignen sich für Vorhänge und Polsterungen.
Seide wirkt luxuriös, weich, anschmiegsam und ist leicht zu färben. Seidengewebe zählen zu den edelsten aller Textilien, sie sind allerdings auch extrem lichtempfindlich. Grundsätzlich müssen Vorhänge aus Seide durch Unterfütterung vor Ausbleichen und Brüchigkeit geschützt werden.
Segeltuch ist ein rauer und schwerer Stoff, meist aus Baumwolle oder Leinengarnen. Es eignet sich für einfache und glatte Vorhänge, wird aber oft auch für lose Überzüge und Polsterungen verwendet.
Synthetics nennt man strapazierfähige Fasern, die ausschließlich aus Chemikalien hergestellt werden. Man kann sie aber auch mit teuren Naturfasern mischen und so bei gleich bleibender Qualität den Preis reduzieren.

Omas Tipps für Gardinen und Vorhänge

◆ Gardinen werden wie neu, wenn Sie dem letzten Spülwasser Zucker hinzugeben. Diese Mischung wirkt außerdem wie Stärke.
◆ Gardinen bleiben länger sauber, wenn man ins Spülwasser eine Hand voll Salz gibt.
◆ Manche Gardinen wollen nicht mehr so recht weiß werden, vor allem, wenn sie schon älter sind. Sie erzielen

jedoch eine wunderschöne cremefarbene Tönung, wenn Sie dem Spülwasser einen Aufguss von Lindenblütentee zugeben. Ganz nach Ihren Vorstellungen lassen Sie den Tee länger oder kürzer ziehen – danach richtet sich die Intensität der Farbe. Und die Gardinen sehen wieder aus wie neu.

- Zartgelbe, aber verblasste Gardinen erhalten ihre gedämpfte Farbe wieder, wenn Sie dem letzten Spülbad einen Tee aus etwa einem Dutzend Teebeuteln zugeben.
- Wenn Sie farbige Vorhänge in leicht gesalzenem Wasser einweichen, bleichen die Farben beim Waschen nicht aus, und der Schmutz löst sich besser.

Das Waschen von Polsterbezügen

Wenn Sie keine Kinder haben, können Sie Couch und Sessel ganz nach Ihrem persönlichen Farbgeschmack kaufen. Also durchaus auch das edle weiße Designersofa, wenn Ihnen danach ist und Sie es sich finanziell leisten können.

Haben Sie aber Nachwuchs – und dann auch noch kleine Kinder –, dann lassen Sie die helle Couch besser im Möbelhaus stehen und suchen sich ein Muster, auf dem Flecken nicht allzu sehr auffallen.

Wer sich neue Polstermöbel kauft, denkt natürlich nicht sofort daran, dass diese irgendwann einmal schmutzig werden können. Dennoch wird es früher oder später dazu kommen, dass Ihr Lieblingssessel mit einem Fleck »verziert« ist oder nach einiger Zeit einfach etwas schmuddelig aussieht ... Wie Sie ja noch aus dem vorhergehenden Kapitel wissen, müssen Flecken so rasch wie möglich entfernt werden. Ein frischer Fleck geht immer leichter raus als ein eingetrockneter!

Sehnen sich Ihre Polstermöbel aber einfach mal nach einer Wäsche, dann haben Sie Glück, wenn Sie die Bezüge Ihrer Polstermöbel abnehmen können. Meist sind sie dann auch waschbar. In jedem Fall finden Sie an der Innenseite irgendwo ein Etikett mit Pflegehinweisen. Und dem können Sie entnehmen, ob Sie Ihre Waschmaschine anwerfen oder ob Sie das Ganze dem Fachmann in der chemischen Reinigung überlassen müssen.

Wenn Sie Bezugsstoffe selbst waschen, achten Sie auf die Pflegehinweise. Ihnen können Sie entnehmen, welches Waschprogramm Sie wählen müssen. Normalerweise können Sie sich das Bügeln ersparen. Ziehen Sie den Bezug noch leicht feucht auf das Möbelstück auf. Bitte aber erst wieder draufsetzen, wenn alles ganz trocken ist!

Das Waschen von Bettdecken und Bettwäsche

Bettzeug waschen – davor hat so mancher einen wahren Horror! Obwohl es kein Problem ist. Zumindest dann nicht, wenn Sie eine Waschmaschine bedienen können. Und dabei ist es völlig gleichgültig, wo diese Maschine steht, ob zu Hause oder im Waschsalon.

Wollen Sie weniger bügeln, sollten Sie entweder nur Bettwäsche aus Seersucker-Baumwolle und Jersey benutzen oder zu Hause eine Waschmaschine mit großem Fassungsvermögen haben. Die füllen Sie dann bitte auch nicht proppenvoll. Je voller, desto mehr Knitterfalten haben Sie nämlich nach dem Waschen! Schütteln Sie die Bettbezüge nach dem Waschen gut aus und streichen Sie sie glatt, bevor sie auf die Leine gehängt werden oder in den Trockner kommen. Auch das spart Arbeit und nachher Zeit beim Bügeln!

Sie können sogar Bettdecken waschen. Zumindest dann, wenn Sie Decken und Kissen mit Faserfüllungen benutzen, die durchaus und problemlos in der Maschine waschbar sind. Allerdings gilt auch hier: Die Trommel der Maschine darf nicht zu klein sein, Decken und Kissen müssen Platz haben und sollten nicht gepresst werden. Haben Sie große Decken, gehen Sie also besser in den Waschsalon und benutzen dort die 10-Kilo-Maschine.

Das Waschen von Badteppichen

Wichtig ist, dass der Badteppich nicht ständig feucht ist, sondern nach der Nutzung gut trocknen kann. Aber auch dann sollten Sie ihn regelmäßig waschen. So beugen Sie stärkeren Verschmutzungen vor. Ist auf dem Etikett der Hinweis auf die Waschmaschine oder Handwäsche zu finden, kann das gute Stück selbst gewaschen werden.

Für die Maschinenwäsche gibt es nur eine einzige Einschränkung: die Größe. Bei einer Trommel mit 4,5 Kilo Fassungsvermögen haben nur Teppiche bis zu einer Größe von 80 × 160 Zentimeter gut und ausreichend Platz; bei einer 3-Kilo-Trommel bringen Sie Teppiche bis zu einer Größe von etwa 70 × 120 Zentimeter unter.

- Bei der Maschinenwäsche wählen Sie bitte den höchstmöglichen Wasserstand und eine Temperatur von 30 Grad.
- Als Waschmittel eignen sich alle Feinwaschmittel. Bitte verwenden Sie keinen Weichspüler. Er kann die Beschichtung lösen.
- Ein Tipp für das Waschen von Baumwollteppichen: Vor allem bei den ersten Wäschen flusen Baumwollteppiche sehr stark. Wenn Sie den Teppich zur Wäsche in

einen Kissenbezug stecken, können die Flusen nicht in die Trommel der Waschmaschine gelangen. Nach mehreren Wäschen verringert sich das Flusen.
- Nach dem Waschen sollte der Badteppich möglichst bei geringer Temperatur im Wäschetrockner getrocknet werden. So wird er schön flauschig. Ist dies nicht möglich, können Sie ihn auf einem Trockengestell trocknen. Kurzes Ausschütteln richtet den Flor wieder auf.

Das Waschen von Kuscheltieren

Unzählige Kuscheltiere werden tagtäglich geknuddelt. Kein Wunder, dass an Kuscheltieren so einiges hängen bleibt. Denn sie trocknen viele Tränen, werden zwischendurch gefüttert und putzen schon mal eine Schniefnase oder einen Schokoladenmund ab. Deshalb schaut so manches Schmusetier schon bald nicht mehr frisch und fröhlich aus der Wäsche. Und deshalb kann es vorkommen, dass das eine oder andere Kind nach einiger Zeit allergisch reagiert. Auch Kuscheltiere müssen manchmal in die Wäsche!

Vorsicht! So manches Stofftier kann man nicht einfach in die Waschmaschine stecken. Bitte schauen Sie hier besonders genau nach einem Hinweis, ob und wie das Stofftier gewaschen werden kann bzw. soll. Zwar sind viele Spielzeugtiere mittlerweile waschbar – immer nur bei 30°C und am besten nicht in der Maschine, sondern im Waschbecken –, aber bevor Sie es riskieren, dass Ihr Jüngster herzzerreißend weint, weil er sein Schlaftier nicht mehr wiedererkennt, da es nicht nur völlig anders aussieht, sondern auch nicht mehr kuschelweich ist, bringen Sie das Spielzeugtier lieber in die Reinigung.

Endlich Urlaub!
Und was macht die Wäsche?

Sie haben sich Ihren Urlaub redlich verdient. Aber müssen Sie deshalb gleich überstürzt Koffer packen und die Schmutzwäsche der vergangenen Woche einfach liegen lassen? Lieber nicht! Vor allem, wenn Sie daran denken, dass Sie nach Ihrer Reise ja noch weitere verdreckte Sachen zu waschen haben. Nur in den seltensten Fällen werden Sie unterwegs einen Waschsalon aufsuchen. Und selbst wenn Sie eine Ferienwohnung gemietet haben: Im Urlaub sollte man sich die »große Wäsche« ersparen.

Sie unternehmen eine mehrmonatige Weltreise? Dann liegt der Fall etwas anders. Sie werden nicht umhinkönnen, wenigstens hin und wieder mal selbst zu waschen. Es sei denn, Sie haben im Lotto gewonnen oder sind von Hause aus vermögend. In diesem Falle bleibt es Ihnen selbstverständlich unbenommen, überall auf der Welt für viel Geld die Hotelwäschereien zu beschäftigen …

Für alle anderen aber gilt: vor dem Urlaub und nach den Ferien waschen! Und zwar so, dass Sie nicht in Stress geraten. Also nicht an den letzten beiden Tagen, bevor Sie starten. Machen Sie Ihrer Familie klar, dass Sie nicht gerade bestens gelaunt sind, wenn Sie von der Hausarbeit und vor allem dem Waschen völlig erschöpft auf die Reise gehen. Spannen Sie Ihre Lieben ein. Und planen Sie alles so, dass Sie vor der Abreise nur noch »kleine Wäsche« haben – nur die Kleidungsstücke, die noch unbedingt nötig sind und die auch keine große Arbeit mehr machen. Dazu gehören ganz bestimmt nicht

- die Bettwäsche und Handtücher der gesamten Familie,
- sämtliche T-Shirts und die Lieblingsjeans Ihres Sohnemanns, die er aus Faulheit seit Monaten in seinem Zimmer hortet,

- die Edelshirts Ihrer Tochter, die mit Pailletten bestickt sind und die laut Auskunft des Töchterleins um jeden Preis mitgenommen werden müssen, weil sie in der Urlaubsdisco Eindruck schinden will.

All das sollte schon mindestens eine Woche vor Abfahrt bzw. Abflug erledigt sein. Auch das Waschen der Strandhandtücher, die den Rest des Jahres irgendwo im Schrank verstaut vor sich hin dösen.

Im Reisegepäck sollten Sie auf jeden Fall ein Handwasch- und ein Fleckenmittel haben. Nicht aber, um auf dem Hotelzimmer plötzlich doch einen Waschtag zu veranstalten. Wenn am Büffet ein Malheur passiert und das weiße T-Shirt in Mitleidenschaft gezogen wird, dann sind Sie mit einem Waschmittel aus der Tube, das leicht zu transportieren ist, gut gerüstet. Und die schnelle Handwäsche im Waschbecken wird zum Kinderspiel. Packen Sie auch ein Stückchen Schnur und ein paar Wäscheklammern ein, denn kaum ein Hotel bietet seinen Gästen eine Wäscheleine ...

Badekleidung braucht besondere Pflege

Ihre Badekleidung wird es Ihnen danken, wenn sie nach dem Schwimmen und Plantschen im Salzwasser oder im gechlorten Wasser des Pools mit einem milden Mittel ausgewaschen wird. Tut man das nicht, kann man sich am schicken Einteiler und dem knappen Bikini nicht allzu lange erfreuen! Das sollten Sie übrigens auch zu Hause beherzigen. Gönnen Sie Ihrem Badezeug nach dem Urlaub einen Tag in purem Leitungswasser, das Sie öfters auswechseln. So bleibt das Badezeug länger ansehnlich.

Und nach dem Urlaub? Sie kommen gut erholt zurück – und das sollten Sie auch noch eine Zeit lang bleiben. Dennoch, Ihre Kleidung sehnt sich nach Frische, vor allem, wenn sie lange im Koffer »eingesperrt« war. Waschen Sie deshalb alles möglichst rasch durch. Vor allem natürlich jene Stücke, die in den Ferien besonders beansprucht worden sind, z. B. Strandhandtücher oder Freizeitklamotten.

Das Waschen spezieller Wäsche

Es gibt einige Kleidungs- bzw. Wäschestücke, bei denen eine ganz besondere Behandlung angebracht ist. Dazu gehören

- Kragen und Manschetten an Herrenhemden und Damenblusen. Geben Sie direkt auf den schmutzigen Kragen und die Manschetten ein wenig Flüssigwaschmittel, lassen Sie es kurz einwirken, und dann ab in die Maschine.
- Bei sehr schmutzigen Hemdkragen ist es manchmal ratsam, diese mit Haarshampoo einzureiben, denn das löst Körperfett. Etwa eine Stunde einwirken lassen und dann wie gewohnt waschen.
- Das Futter von Jacken und Mänteln – vor allem bei Pelzkleidung – ist nur schwer zu reinigen. Am besten geht das mit einem in Spiritus getränkten Wattebausch. Reiben Sie vor allem über jene Stellen, die besonders stark beansprucht werden: am Saum, an den Ärmelöffnungen, unter den Armen, am Kragen, an den Knopfleisten.
- Babywäsche benötigt keine spezielle Behandlung. Mit den modernen Waschmitteln wird sie bei 40 °C, auf jeden Fall jedoch bei 60 °C porentief rein. Wenn Sie Ariel benutzen, sowieso!

- Lappen, Schwämme, Tücher zum Putzen oder für den ständigen Einsatz in der Küche muss man nach Gebrauch nicht wegwerfen. Man kann sie normalerweise mit 60 °C waschen.
- Die Wäsche von Kranken muss ebenfalls nicht mehr wie früher gekocht werden. Um Bakterien abzutöten, reichen Waschprogramme mit 60 °C aus. Das haben wissenschaftliche Untersuchungen bewiesen.

Die Pflege von Dessous

- Waschen Sie BHs und Bodys (sofern diese in die Waschmaschine dürfen) immer in einem Wäschesäckchen. Das schont das Gewebe. Sie ersparen es sich außerdem, z. B. den schicken neuen Bügel-BH entsorgen zu müssen, weil er in der Wäschetrommel völlig verbogen wurde.
- Außerdem können Sie sicher sein, dass sich kein BH-Bügel in der Waschmaschine selbständig macht. Nach einem solchen Missgeschick sind meist nicht nur die Dessous beschädigt, auch die Waschmaschine könnte Schaden nehmen.
- Ganz wichtig! Dessous gehören nicht in den Wäschetrockner.
- Um Form, Farbe und Materialweichheit optimal zu erhalten, empfiehlt sich gerade bei Dessous die Wäsche von Hand. Nehmen Sie statt eines normalen Waschmittels ein mildes Duschgel – mit Ihrem ganz persönlichen Lieblingsduft. Auch bei der Handwäsche sollten Sie übrigens einen Waschbeutel benutzen.

Omas Tipps für spezielle Wäsche

- Befeuchten Sie verschmutzte Kragen und Manschetten und reiben Sie diese mit Kernseife ein (bei vergilbten Kragen hilft auch Kreide). Zehn Minuten einziehen lassen, dann mit einer Nagelbürste abschrubben und anschließend wie gewohnt waschen.
- Regenschirme werden hin und wieder schmutzig, auch wenn sie bei Benutzung ständig mit Wasser in Berührung kommen. Ihr Regenschirm sieht wie neu aus, wenn Sie ihn ab und zu mit einem in Spiritus getränkten Tuch abreiben und aufgespannt trocknen lassen.

Nicht waschen, sondern erfrischen!

Überall um uns herum sind Stoffe – von Polstern über Teppiche und Vorhänge bis hin zu Leinenschuhen. Etwa die Hälfte aller Oberflächen im Haushalt besteht aus textilen Stoffen. Die andere Hälfte sind harte Oberflächen wie Böden und Möbel. Und die waren schon immer recht einfach zu pflegen. Textile Oberflächen dagegen sind ein Problem. Zum einen deshalb, weil sie »fest installiert« sind. Wenn Ihr Sofa und Ihre Sessel keine abnehmbaren Bezüge haben, bleibt Ihnen nach ein paar Jahren und zahlreichen Fleckentfernungen nichts anderes übrig, als sich neu einzurichten.

Ihr Nachwuchs bemüht sich sicher schon seit dem Kleinkindalter, dafür zu sorgen, dass Mama und Papa neue Möbel brauchen. Vor allem, wenn nicht nur unschöne Schmuddelflecke Ihre Couch verunzieren, sondern auch noch unangenehme Gerüche dazukommen. Gegen (fast) alles gibt es ein Mittel. Vor einigen Jahren wurden die ersten Textilerfrischer erfunden. In den USA kamen sie 1998 auf den Markt, bei uns wurde Febreze im Juli 1999 eingeführt.

Was Textilerfrischer können

Zunächst einmal entfernen sie Gerüche, und zwar sämtliche Alltagsgerüche (Rauch, Moder- und Küchengerüche, Geruch von Haustieren) in Polstern, Teppichen, Vorhängen oder Textilien im Auto.

- Textilerfrischer können Sie nicht vorbeugend anwenden. Sie gehen nur gegen aktuelle Gerüche vor. Ausnahme ist hier allerdings Febreze Antibacterial. Es hemmt die Entstehung neuer Gerüche aus bakteriellen Quellen, denn es vermindert das Wachstum und die Aktivität der geruchsbildenden Bakterien.
- Textilerfrischer sind kein Ersatz für die Reinigung von Textilien.
- Textilerfrischer sind optimal für Gewebe, die an sich sauber sind, an denen aber ein Geruch haftet. Also die Couch und der Teppich, die sich Ihr Hund als Lieblingsplatz ausgewählt hat; die Vorhänge im Wohnzimmer, die bei der letzten Party zu viel Rauch abbekommen haben; Autositze und Matratzen, die schon etwas muffeln; oder die Sportschuhe, die nicht gerade Frühlingsdüfte aussenden.
- Moderne Textilerfrischer wie Febreze sind meist Sprays auf Wasserbasis und können daher sicher und problemlos auf fast allen Textilien angewendet werden, die mit Wasser in Kontakt kommen dürfen. Sie eignen sich besonders gut für Polstermöbel und Vorhänge, Autopolster, Teppiche, Kleidung, Matratzen und Sportschuhe.
- Febreze dringt tief in das Gewebe ein und bekämpft die Gerüche dort, wo sie sitzen. Die Gerüche werden beim Trocknen beseitigt und nicht einfach mit Duft überdeckt.
- Febreze Antibacterial hat eine zusätzliche antibakterielle Wirkung und ist damit in der Lage, das Wachstum ge-

ruchserzeugender Bakterien zu verhindern. Es bremst so die Entwicklung neuer Gerüche aus bakteriellen Quellen.
- Febreze bildet auch bei häufiger Anwendung keine sichtbaren Rückstände auf dem Stoff, selbst wenn Heimtextilien nicht chemisch gereinigt und nur selten shampooniert werden.
- Textilerfrischer kann man nicht als Raumspray verwenden! Febreze wurde ausschließlich für die Anwendung bei textilen Geweben entwickelt, deshalb ist es nicht für andere Materialien wie Leder, Kunstleder, Pelz, Latex, Holz und Metall geeignet.
- Febreze enthält zwar einige wenige Parfümduftstoffe – aber nicht, um unangenehme Gerüche zu »überdecken«.
- Febreze wird einfach aufgesprüht, bis die Oberfläche des Gewebes leicht angefeuchtet ist. Beim Trocknen entfernt der Textilerfrischer dann die Gerüche und hinterlässt einen angenehmen Duft.
- Febreze hat bei normaler Anwendung keinerlei negative Auswirkungen auf Mensch und Tier. Es ist auch geeignet für die Decke im Hundekorb und die Matratze im Kinderbett. Auch wenn Tiere die besprühten Stellen ablecken, kann nichts passieren.

👍 Klementines Extratipps 👍

- **Auch im Waschsalon Ariel verwenden. Wenn's dort keines gibt, bringen Sie Ihr Waschmittel eben mit!**
- **Gardinen nicht zu sehr verschmutzen lassen, sonst werden sie nur schwer sauber.**
- **Maschine mit Vorhängen und Gardinen höchstens zu einem Drittel, besser nur zu einem Viertel füllen!**

- Bei unbekannten Stoffen die Waschprobe machen.
- Vor dem Urlaub waschen, damit bei der Rückkehr weniger zu tun ist.
- Badezeug regelmäßig ausspülen, damit Salz und Chlor nicht im Gewebe bleiben.
- Hemdkragen und Manschetten extra behandeln. Ariel flüssig hilft dabei!
- Baby- und Kinderwäsche nicht unbedingt kochen – 60 °C reichen aus!
- Erfrischen statt waschen! Wenn Textilien nicht schmutzig sind, sondern nur unangenehm riechen, macht Febreze sie wieder frisch.

Eines der letzten Rätsel der Menschheit: Wo ist die zweite Socke?

Keine Frage, die Menschheit hat es schon ganz schön weit gebracht. Zuerst haben wir das Rad erfunden, dann die Pille – und seit kurzem wissen wir sogar, warum Männer nicht zuhören und Frauen nicht einparken können. Nur drei Geheimnisse blieben bislang noch ungelöst:
1. Gibt es das Ungeheuer von Loch Ness wirklich?
2. Warum fällt das Brot immer mit der Butterseite auf den Teppich?
3. Wo, verdammt noch mal, ist die zweite Socke geblieben?
Während wir bei den ersten beiden Fragen wahrscheinlich noch sehr, sehr lange auf eine Antwort warten müssen, zeichnet sich bei den verschwundenen Socken eine Lösung des Rätsels ab.
Nach zunächst jahrelangen erfolglosen Ermittlungen der Soko 5113 übernahm Inspektor Franz-Josef Waschinger aus dem schwäbischen Strümpfelbach den mysteriösen Fall. Zunächst fütterte der geniale Fahnder seinen Computer mit einigen viel versprechenden Spuren, die er an diversen Tatorten zwischen Flensburg und Garmisch gefunden hatte. Daraufhin erstellte der PC ein Täterprofil, mit dessen Hilfe Waschinger den Kreis der Verdächtigen eingrenzen konnte.
Vor wenigen Tagen präsentierte der Inspektor seine seltsamen Ergebnisse nun der Öffentlichkeit. Waschinger hat mehrere Theorien entwickelt, um dem Phänomen RSE (rätselhafte Sockeneinbuße) auf die Spur zu kommen. Deshalb bittet er die Bevölkerung, die folgenden Hinweise ernst zu nehmen:
1. Riecht es in letzter Zeit in Ihrem Schlafzimmer zusehends streng, war die vermisste Socke vielleicht gar nicht

in der Waschmaschine, sondern liegt noch unter Ihrem Bett.

2. Bekommen Ihre Oberhemden nach der nächsten Kochwäsche einen rosa, bläulichen oder andersfarbigen Schleier, steckt die Socke mit großer Wahrscheinlichkeit noch in der Trommel.

3. Leiden Sie unter starkem Fußschweiß, könnten sich verschiedene Garnstoffe infolge der extremen Feuchtigkeit und Wärmebildung in nichts aufgelöst haben. In diesem Fall sollten Sie sich auf jeden Fall beim Sockenhersteller melden.

4. Besitzen Sie eine Hightechwaschmaschine mit Turbo-Drehzahl und haben Sie aus Versehen das Bullauge offen stehen lassen, könnte die Socke aufgrund der Zentrifugalkraft herausgeschleudert worden sein. Geht es gut aus, klebt das Ding noch an der Wand. Haben Sie ganz großes Glück, wird die Socke von einem Kunstexperten zum neuesten Trend erklärt.

5. Haben Sie hingegen ein Uralt-Gerät mit ausgeleierten Gummidichtungen oder Rostlöchern in der Trommel, hat sich Ihre Socke wahrscheinlich auf diesem Weg verabschiedet. Bevor Sie die Maschine auf den Sperrmüll schmeißen, empfiehlt sich eine Prüfung, ob Ihnen auch schon andere Kleinteile wie Baby-Mützchen oder String-Tangas verloren gegangen sind.

Sollten Ihnen die obigen Tipps von Inspektor Waschinger keine brauchbare Hilfestellung bei der Suche nach der verlorenen Socke sein, können Sie sie auch finden lassen: unter der Adresse http://www.hoosiertimes.com/cgi-bin/socks - der ersten Sockensuchmaschine der Welt.

Stumpfe Waschbecken, klebrige Tische, dreckige Fußböden – ein Putztag wäre dringend nötig. Doch da liegt das Problem: Sie haben wenig Zeit und Lust. Oder wollen Sie einfach nur Ihr Putzlatein auffrischen? Dann ist das Meister-Proper-Putzbuch genau das Richtige für Sie! Hygienische Sauberkeit auch im hintersten Winkel garantiert Ihnen Meister Proper:

- Praktische Putztipps für die ganze Wohnung
- Zehn Goldene Handgriffe für schnelle Sauberkeit
- Geheime Putztricks für jeden Anlass
- Psychotest: Welcher Putztyp sind Sie?

Sie werden sehen: Putzen ist das REINE Vergnügen!

Ute Frangenberg

Mr. Proper
Das Putzbuch
Geniale Tipps für einfache und gründliche Sauberkeit

Mit zahlreichen Abbildungen

Econ | **ULLSTEIN** | List